SANTIDAD DESDE EL PULPITO

(Número 1)

Una colección de 51 bosquejos de
sermones de santidad

Compilados por José C. Rodríguez

Casa Nazarena de Publicaciones

DIGITAL PRINTING

Publicado por
Casa Nazarena de Publicaciones
17001 Prairie Star Parkway
Lenexa, Kansas 66220 USA

Copyright (c) 1992 José Rodríguez
Reimpresión, 2009

ISBN 978-1-56344-299-5

Todos los derechos reservados. Ninguna parte de esta publicación podrá ser reproducida, procesada por ningún sistema que la pueda reproducir, o transmitir en alguna forma o medio electrónico, mecánico, fotocopia, cinta magnetofónica u otro excepto para breves citas en reseñas, sin el permiso previo de los editores.

CONTENIDO

PRIMERA PARTE:

LA DOCTRINA DE LA SANTIDAD

¿Por Qué Creo en la Santidad?	9
Las Causas Dinámicas de la Santificación	11
La Hermosura de la Santidad	13
La Terminología de la Santidad	15
El Concepto Arminiano-Wesleyano de la Entera Santificación	17
La Divina Trinidad y la Obra de Entera Santificación	19
Santificación Cristiana	21
La Palabra de Verdad y la Santificación	23
La Perfección Cristiana	25
La Santidad Desde Tres Puntos de Vista	27
La Santidad y la Segunda Venida del Señor	29
Emblemas del Espíritu Santo	31
El Viejo Hombre	33
La Santidad en la Epístola a los Hebreos	35
La Sangre de Cristo y Nuestra Santificación	37
Cristo Demanda y Da Pureza de Corazón	39
¿Por Qué el Mundo No Puede Recibir el Espíritu Santo?	41
La Naturaleza Dual del Pecado y la Santidad	43

SEGUNDA PARTE:

LA EXPERIENCIA DE LA SANTIDAD

El Poder del Espíritu Santo	47
Señales de que Necesito la Santificación	49
Santificación por el Espíritu	51
La Misión del Espíritu Santo en el Creyente	53
La Santidad y el Amor al Mundo	55
La Perfección de Abraham	57
Las Dimensiones de la Santidad	59
La Experiencia Dual del Apóstol Pablo	61
La Gran Salvación	63
La Fe de los Creyentes	65
La Potencia del Amor Perfecto	67
La Fidelidad de Dios	69
La Santificación de Isaías	71
El Monte de la Santidad	73
La Santificación de los Discípulos	75

TERCERA PARTE:

LA VIDA DE SANTIDAD

Perfeccionando la Santidad	79
Conservando la Santidad	81
Vida Plena en el Espíritu	83
La Etica de la Santidad	85
Descripción Paulina de la Vida de Santidad	87
Vistas de la Santidad	89
El Poder de la Santidad	91

Anomalías de la Santidad 93	Los Pasos de la Vida Santa 105
El Camino de Santidad ... 95	La Santidad y la Disciplina 107
Para Conservar la Victoria 97	
Cómo Mantener la Experiencia de la Entera Santificación 99	La Santidad y la Seguridad Cristiana 109
	La Perfección Cristiana en Acción 111
La Santidad y el Ministerio del Espíritu Santo 101	
La Separación Cristiana . 103	Clasificación de Textos Bíblicos Sobre la Santidad 113

A MANERA DE PREFACIO

Hay de tradiciones a tradiciones. Unas tienen que ver con acciones que al ejecutarse no se pensaba convertir en tradición. Otras se refieren a ideas que plasman en la vida humana.

La doctrina de santidad, como quiera que ella se considere, ha sido tradición del cristiano. Las diferencias acerca de ella dentro de los grupos denominacionales han tenido que ver con la forma de obtenerla y su resultado y aplicación. Es deber de quien escribe sobre santidad que defina sus términos, pues la mayoría de los conceptos sobre esta doctrina pueden encontrar base en el Libro Sagrado.

Los editores sienten que el profesor José Rodríguez está capacitado intelectual y psicológicamente para escribir bosquejos de sermones sobre la doctrina de santidad. Ha sido maestro por muchos años en el taller de ministros llamado Seminario Nazareno Hispanoamericano. Convertido bajo el ambiente de santidad y entrenado bajo la dirección de Wiley, un conservador en teología y líder del pensamiento *wesleyano*, el profesor Rodríguez desborda en estos bosquejos lo mejor de su capacidad.

Sugerimos al pastor que al usarlos les dé un carácter de sugerencias: no son recetas que aseguran el gusto sino condimentos que dan sabor al manjar. Por tanto, resultarán más benéficos si se les añade la carne del estudio, la sal de la oración y la pimienta de la dedicación o entrega total.

Por lo demás, los mismos bosquejos se recomendarán a ellos mismos en los años futuros. Por ahora sólo abrimos las puertas para que por ellas salgan a bendecir al creyente interesado en vivir "la vida más elevada."

—*Los Editores*

PRIMERA PARTE

LA DOCTRINA DE LA SANTIDAD

"Ten cuidado de . . . *la doctrina;* persiste en ello, pues haciendo esto, te salvarás a ti mismo y a los que te oyeren."
"Como te rogué . . . que no enseñen *diferente doctrina.*"
"Pero tú habla lo que está de acuerdo con la *sana doctrina.*"
"Así que, hermanos, estad firmes, y *retened la doctrina* que habéis aprendido, sea por palabra, o por carta nuestra."
"No os dejéis llevar de doctrinas diversas y extrañas . . . "
"Pero gracias a Dios, que . . . habéis obedecido de corazón a aquella *forma de doctrina* a la cual fuisteis entregados" (I Timoteo 4:16; 1:13; Tito 2:1; II Tesalonicenses 2:15; Hebreos 13:9; Romanos 6:17).

La santidad late en la profecía, ruge en la ley, murmura en las narraciones, susurra en las promesas, suplica en las oraciones, irradia en la poesía, resuena en los salmos, musita en los tipos, resplandece en las imágenes, enuncia en el lenguaje y quema en el espíritu de todo el sistema, desde el alfa hasta la omega, desde el principio hasta el fin. ¡La santidad! ¡La santidad! ¡La santidad necesaria! ¡La santidad requerida! ¡La santidad ofrecida! ¡La santidad posible! ¡La santidad, un deber presente, un privilegio actual, un gozo presente, es el progreso y complemento de su maravilloso tema! Es la verdad brillando por doquiera, mezclándose por toda la revelación; la verdad gloriosa que irradia, susurra, canta y grita en toda su historia, biografía, poesía, profecía, precepto, promesa y oración. La gran verdad de todo el sistema. Es una lástima que no todos la vean, que no todos la consideren; es una verdad conspicua y llena de consuelo.

—Obispo Foster

¿POR QUE CREO EN LA SANTIDAD?

LECTURA: I Tesalonicenses 4:1-8

PROPOSITO: Examinar varias razones por las que la santificación es una segunda obra de gracia.

INTRODUCCION:
Los argumentos o razones de creer que la santificación es una segunda crisis son variados y convincentes. Consideremos seriamente las siguientes razones.

I. RAZONES BASADAS EN DIOS Y SU PALABRA
   A. Dios es santo y demanda la santidad (I Pedro 1:15-16).
   B. La santidad se enseña claramente en la Biblia (I Tesalonicenses 5:23-24, etc.).
   C. Cristo murió para santificar a su iglesia (Efeso 5:25-27; Hebreos 13:13).
   D. El Espíritu Santo es el Agente santificador (Mateo 3:11; Hechos 2:1-4).

II. RAZONES PERSONALES Y ETICAS
   A. La santificación es una experiencia real: Testimonio personal.
   B. Muchas personas han sido santificadas enteramente: Ilustraciones.
   C. La santidad es la única corrección para un corazón pecaminoso.
   D. La demanda el carácter ético de Dios.
   E. La santidad significa victoria completa sobre todo el pecado.
   F. La santidad capacita para una vida servicial.
   G. La santidad es el testimonio ético que el mundo no puede resistir o refutar.

III. RAZONES BASADAS EN LAS CIENCIAS HUMANITARIAS
   A. *Filosóficamente* la santidad es un bien supremo.
   B. *Sicológicamente* la santidad es el único cimiento para una personalidad bien integrada.
   C. *Eticamente* la santidad es la base segura y la mejor garantía posible para las relaciones correctas.
   D. *Sociológicamente* la santidad es la fuerza motriz de una sociedad, un grupo limpio que lleva el evangelio a otros.

E. *Históricamente,* los avivamientos genuinos han sido los conducidos por personas santas.

CONCLUSION:

No hay argumento válido contra la doctrina y experiencia de la santificación como segunda obra de gracia. La evidencia del cielo, de Dios, de la condición del hombre, del conocimiento y del testimonio de la iglesia la confirman.

—ADAPTADO, DR. RUSSELL V. DELONG

LAS CAUSAS DINAMICAS DE LA SANTIFICACION

LECTURA: Juan 17:17-19

PROPOSITO: Ver la naturaleza y lugar de las causas activas en la obra de la entera santificación.

INTRODUCCION:
La obra de la entera santificación es una obra dinámica con muchas fases que vienen a revelar la naturaleza de la obra divina en el corazón humano. Hay varias *causas* activas que operan simultáneamente para realizar la obra de santificación en el creyente. Notemos algunas de estas causas.

I. LA CAUSA ORIGINADORA: EL AMOR DE DIOS
   A. *El amor de Dios hacia el pecador*
      1. Juan 3:16: Para salvación de los pecados.
   B. *El amor de Dios hacia el creyente y la iglesia.*
      1. Efesios 5:25-17: Santificación del creyente.
      2. Hebreos 13:12-13.

II. LA CAUSA MERITORIA O PROCURADORA: LA SANGRE DE CRISTO
   A. *La sangre de Cristo y el pecador*
      1. Mateo 26:28.
   B. *La sangre de Cristo y el creyente*
      1. Hebreos 13:12; 9:14.

III. LA CAUSA EFICIENTE O AGENCIA ACTIVA: EL ESPIRITU SANTO
   A. *El Espíritu Santo y el pecador*
      1. Juan 16:5-11.
   B. *El Espíritu Santo y el creyente*
      1. Tito 3:5; I Pedro 1:2; II Tesalonicenses 2:13; Mateo 3:11.

IV. LA CAUSA INSTRUMENTAL: LA VERDAD O PALABRA DE DIOS
   A. *La Palabra de Dios y el pecador*
      1. Romanos 10:13-17.
   B. *La Palabra de Dios y los creyentes*
      1. Juan 17:17.

V. LA CAUSA CONDICIONAL: LA FE
   A. *La fe y el pecador*
      1. Romanos 5:1.

B. *La fe y los creyentes*
   1. Hechos 15:9; 26:18.

CONCLUSION:
   A. *Recapitulación*: Hay causas dinámicas tras la obra de la entera santificación. Cada una de ellas revela alguna fase de la obra del Espíritu Santo. Es importante que veamos y comprendamos el lugar de cada una de estas dimensiones de la santificación.
   B. *Aplicación*: Cada causa tiene su lugar y orden. Se debe hacer un examen de nuestra experiencia espiritual a la luz del mensaje presentado.
   C. *Apelación*: La causa principal desde el punto de vista divino es el amor de Dios; desde el punto de vista humano es la fe. El amor de Dios no falla. ¿Cómo está tu fe?

—ADAPTADO, DR. H. O. WILEY

LA HERMOSURA DE LA SANTIDAD

LECTURA: Salmos 110:3; 96:3

PROPOSITO: Ver en qué consiste la belleza de la santidad.

INTRODUCCION:
La belleza de la santidad se halla en lo que es en sí misma, lo que revela de Dios y el hombre y en lo que puede hacer para el hombre. En otras palabras, revela el corazón de Dios y el corazón del hombre. También revela la potencia de Dios y la necesidad del hombre.

I. REVELA LA ESENCIA DE LA DIVINA TRINIDAD
   A. *La santidad en la Trinidad*
      1. La ley de la santidad perfecta.
      2. La ley del amor perfecto.
      3. La ley de la justicia perfecta.
      4. Santidad en el Padre: Original y eterna.
      5. Santidad en el Hijo: Luz y personificación.
      6. Santidad en el Espíritu Santo: Impartida y dinámica.

II. REVELA EL PLAN ETERNO DE LA TRINIDAD
   A. *El plan de Dios para su creación*
      1. Santidad y justicia en el hombre.
      2. Armonía y perfección en la creación física.
      3. Cayó el hombre y con él la naturaleza.
      4. Pero sigue el plan de santidad para el hombre.
      5. Cristo y el Espíritu son la respuesta divina a la necesidad del hombre.

III. REVELA LO HORRENDO DEL PECADO
   A. *Naturaleza del pecado personal*
      1. Romanos 1:18-32.
      2. Romanos 3:9-20.
   B. *Naturaleza del pecado heredado*
      1. Génesis 6:1-5.
      2. Salmos 51:5
      3. Isaías 1:6; Romanos 6:6; Efesios 4:22-31.

IV. REVELA LA VICTORIA DE DIOS SOBRE EL PECADO
   A. *Victoria sobre el pecado personal*

1. Justificación.
  2. Regeneración.
  3. Adopción.
B. *Victoria sobre el pecado heredado*
  1. Santificación del espíritu.
  2. Potencia para servicio.
  3. Gracia para perseverancia.

CONCLUSION:

La santidad es hermosura por lo que es y por lo que hace. ¡Permite que Dios revele tu necesidad y te dé completa victoria sobre todo pecado!

LA TERMINOLOGIA DE LA SANTIDAD

LECTURA: Salmos 24

PROPOSITO: Hacer un examen y estudio de la terminología de la santidad para comprender mejor su naturaleza y alcance.

INTRODUCCION:
La doctrina de la santidad es rica en su terminología. Hay gran variedad de términos—bíblicos y extra-bíblicos—que expresan sus diferentes fases. Es importante que tengamos un conocimiento de estos términos.

I. TERMINOS BIBLICOS DE LA SANTIDAD
   A. Santificación: Levítico 11:44-45; 21:8; Juan 17:17; I Corintios 1:31.
   B. Santidad: Lucas 1:74-75; II Corintios 7:1; Hebreos 12:14.
   C. Corazón limpio o corazón puro: Salmos 51:10; Mateo 5:8; Salmos 73:1; 24:4.
   D. Bautismo con el Espíritu Santo y fuego: Mateo 3:11.
   E. Circuncisión del corazón: Deuteronomio 30:6; Colosenses 2:11; Jeremías 4:4.
   F. Perfección: Génesis 17:1; Mateo 5:48; Hebreos 6:1; II Corintios 13:9.
   G. Amor Perfecto: I Juan 4:17, 18.
   H. La plenitud de Dios: Efesios 3:19.
   I. La abundancia de la bendición del evangelio de Cristo: Romanos 15:29.

II. TERMINOS EXTRA-BIBLICOS
   A. La Segunda Bendición.
   B. La Perfección Cristiana.
   C. La Vida Elevada.
   D. El Descanso de Fe.
   E. La Pureza de Corazón.
   F. El Bautismo con el Espíritu Santo.
   G. La Santidad Cristiana.
   H. La Completa Seguridad de la Fe.
   I. Erradicación del Pecado.
   J. Completa o Plena Salvación.

"Estos términos son sinónimos y se refieren al mismo estado

de gracia. Sin embargo, cada uno indica una característica esencial, de aquí que estos términos sean expresivos claramente de la plena salvación."—J. A. Wood.

CONCLUSION:
A. *Recapitulación*: La definición de términos es necesaria para evitar confusión y problemas de teología y experiencia.
B. *Aplicación*: Ilustración o ejemplo haciendo ver la importancia de conocer la terminología en alguna profesión, carrera o en el estudio.
C. *Apelación*: Una exhortación al estudio de la terminología de la santidad con fin de llevar las personas a la experiencia.

EL CONCEPTO ARMINIANO-WESLEYANO DE LA ENTERA SANTIFICACION

LECTURA: Hechos 19:1-2; Lucas 1:74-75; Romanos 12:1-2; Mateo 3:11.

PROPOSITO: Presentar los puntos básicos de la interpretación *wesleyana* de la santificación.

INTRODUCCION:
>Es necesario e importante que sepamos cuál es la interpretación bíblica de la doctrina de la santificación. La teología arminiana-*wesleyana* la presenta bajo cinco puntos cardinales:

I. LA SANTIFICACION ES UNA SEGUNDA OBRA DE GRACIA
   A. *La primera obra de gracia*
      1. Es justificación.
      2. Es regeneración.
      3. Es adopción.
   B. *La segunda obra de gracia*
      1. Es pureza de corazón.
      2. Es perfección de amor.
      3. Es poder del Espíritu Santo.

II. LA SANTIFICACION SE RECIBE INSTANTANEAMENTE
   A. *La santificación es una segunda crisis espiritual*
      1. La regeneración es instantánea.
      2. La santificación es instantánea.
      3. Nadie ha sido santificado gradualmente.
      4. Nadie ha sido santificado a la hora o después de la muerte.
   B. *El tiempo aoristo y la santificación*
      1. El tiempo aoristo en la gramática griega: Clase de acción: acción instantánea, acción perfecta y completa, etc.
      2. Véase: I Tesalonicenses 5:23-24; Juan 17:17; Hechos 15:9; II Corintios 7:1; Efesios 5:26; Romanos 6:6; Gálatas 5:24; Colosenses 3:5.

III. LA SANTIFICACION ES COMPLETA LIBERTAD DEL PECADO
   A. *Las dos fases o naturaleza dual del pecado*

1. El pecado *cometido*: pecado actual de la persona, implica culpa.
2. El pecado *heredado*: pecado universal, no implica culpa.
3. Véase: Lucas 1:74-75; Juan 8:32, 36; Romanos 6:22.

IV. LA ENTERA SANTIFICACION SE OBTIENE EN ESTA VIDA
   A. *La santificación es para esta vida*
      1. La profecía de Zacarías: Lucas 1:74-75.
      2. El mandato de Cristo: Mateo 5:8, 48.
      3. La exhortación de Pablo: Hebreos 12:14.
      4. El ejemplo de Pablo: I Tesalonicenses 2:1-10.

V. LA ENTERA SANTIFICACION Y EL BAUTISMO CON EL ESPIRITU SANTO SON SIMULTANEOS
   A. *La santificación y el bautismo con el Espíritu Santo*
      1. El Espíritu es el agente activo en la santificación.
      2. La santificación es el resultado del bautismo del Espíritu Santo.
      3. Bautismo con el Espíritu: ¡Cómo se efectúa!
      4. Santificación: ¡Qué se logra!

CONCLUSION:
   A. *Recapitulación*: Estos cinco elementos de la santificación encierran en sí el concepto bíblico de la santidad. Cada uno debe meditarlos seriamente y andar en la luz.
   B. *Aplicación*: Testimonios de grandes hombres que han profesado la experiencia de santificación.
   C. *Apelación*: Oración y llamado al altar.

—ADAPTADO, DR. STEPHEN S. WHITE

LA DIVINA TRINIDAD Y LA OBRA DE ENTERA SANTIFICACION

LECTURA: Hebreos 10:10-15

PROPOSITO: Ver el lugar y obra de las tres personas de la Divina Trinidad en la experiencia de la santificación.

INTRODUCCION:

La doctrina y experiencia de la entera santificación es asunto de toda la Divina Trinidad y no solamente de alguna de las Tres Personas. Toda la deidad está activa en la santificación de un creyente.

I. LA VOLUNTAD DE DIOS ES NUESTRA SANTIFICACION

   A. *Dios el Padre y la santificación*
      1. Es la voluntad del Padre: "En esa voluntad somos santificados" (verso 10; I Tesalonicenses 4:3).
      2. Es la demanda del Padre (I Pedro 1:15-16).
      3. Es el llamado del Padre (Lucas 24:49).

II. CRISTO ES EL MEDIO DE NUESTRA SANTIFICACION

   A. *Santificación en la sangre de Cristo*
      1. La sangre como medio: "... somos santificados mediante la ofrenda del cuerpo de Jesucristo" (verso 10-14; Hebreos 13:12).
      2. Cristo oró por nuestra santificación (Juan 17:17-20).
      3. Cristo murió por nuestra santificación (Hebreos 13:13; Efesios 5:25-27).
      4. El sacrificio de Cristo es perfecto (versos 10-15: "con una sola ofrenda ...").
      5. El sacrificio de Cristo es final (verso 10: "la ofrenda hecha una vez para siempre").

III. EL ESPIRITU SANTO Y NUESTRA SANTIFICACION

   A. *La obra del Espíritu Santo en la santificación*
      1. Guiar a la persona a la luz y necesidad de la obra (Juan 14:26; 16:13).
      2. Bautizar con fuego (Mateo 3:11).
      3. Purificar el corazón del creyente (Hechos 15:8, 9).
      4. Dar poder y visión espiritual (Hechos 1:6-8).

5. Dar testimonio de que la obra se ha hecho (**Hebreos 10:15**).

CONCLUSION:
A. *Recapitulación*: La experiencia de la entera santificación es obra de toda la Divina Trinidad. El Padre la demanda, el Hijo la provee y el Espíritu la aplica y testifica.
B. *Aplicación*: Ilustración.
C. *Apelación*: Oración y llamamiento.

SANTIFICACION CRISTIANA

LECTURA: I Tesalonicenses 1:1-10; 2:13-14; 3:10-13; 4:3-8; 5:15-24.

PROPOSITO: Ver la naturaleza de la santificación cristiana.

TEXTO: I Tesalonicenses 5:23-24

INTRODUCCION:
Los pasajes de nuestra lectura indican claramente la conversión radical de los cristianos tesalonicenses. I Tesalonicenses 1:3, 9-10 y 3:13 indican que aunque se habían convertido cabalmente, necesitaban todavía ser enteramente santificados.

I. LA SANTIFICACION CRISTIANA ES UNA EXPERIENCIA OBRADA POR DIOS
   A. *La santificación es obra de Dios en el alma del creyente*
      1. La disposición carnal trastorna y divide los afectos y lealtades del creyente (Romanos 8:5-13).
      2. Dios mandó a Cristo para que obrara paz en el alma del hombre mediante la sangre de su cruz (Juan 17:17, 19).
   B. *La santificación es una obra de paz que Dios obra en el alma del creyente.*
   C. *La santificación es una obra completa:* "El mismo Dios de paz os santifique por *completo.*"
      1. La santificación destruye los gérmenes malos de la naturaleza pecaminosa interna (Salmos 51:2, 7).
      2. La santificación sana el alma enferma de pecado (Salmos 51:10).
      3. La santificación restaura el alma del creyente completamente a la salud moral y espiritual (Juan 17:17, 22-26).

II. LA SANTIFICACION CRISTIANA ES UNA EXPERIENCIA PRACTICA
   A. *La santificación conserva al creyente en su relación justificada con Dios mediante el Espíritu Santo.*
   B. *La santificación integra y preserva la personalidad y el alma del creyente.*
   C. *La santificación preserva e integra el cuerpo del creyente en relación a su personalidad y al Espíritu Santo* (Romanos 6:11-14; I Tesalonicenses 3:4-7).

- D. *La santificación es progresiva y continua*: "hasta la venida de nuestro Señor."
- E. *La santificación preserva al creyente "irreprensible" pero no sin faltas, delante de Dios.*

III. LA SANTIFICACION CRISTIANA ES UNA EXPERIENCIA QUE DIOS ASEGURA

"Fiel es el que os llama, el cual también lo hará." (I Tesalonicenses 5:24).

- A. *Esta seguridad se basa en el llamado de Dios al creyente a santidad* (Romanos 1:6-7; I Tesalonicenses 4:7).
- B. *Esta seguridad se basa en el propósito de Dios*: La santificación del creyente (II Tesalonicenses 4:3 y 2:13-14).
- C. *Esta seguridad se basa en la provisión de Cristo para la santificación del creyente*: (Hebreos 13:12).

CONCLUSION:

¡Busca hoy mismo la experiencia de la santificación cristiana!

—DR. ROSS E. PRICE

LA PALABRA DE VERDAD Y LA SANTIFICACION

TEXTO: Juan 17:17

PROPOSITO: Ver el lugar de la Palabra de Dios en la obra de la santificación.

INTRODUCCION:

La Palabra de Dios es el *instrumento* que Dios usa para revelarnos la verdad y necesidad de una segunda obra de gracia. También se le puede llamar la *causa instrumental* porque Dios siempre usa la letra para llegar al *espíritu*.

I. LO IMPERATIVO DE LA PALABRA
   "Padre . . . "
   A. La santificación es un imperativo divino
      1. Cristo oró por nuestra santificación.
      2. Cristo murió por nuestra santificación.
      3. Cristo intercede por nuestra santificación.

II. EL IMPACTO DE LA PALABRA:
   "Santifícalos . . . "
   A. Significado del término
      1. No se refiere a los pecadores.
      2. Los oyentes eran creyentes: los discípulos.
      3. No es una petición de perdón.
      4. Es una petición de separación.
      5. Es una petición de purificación.

III. LA PALABRA COMO INSTRUMENTO
   "Tu palabra es verdad."
   A. La causa instrumental
      1. Es la *letra* siendo usada por el Espíritu.
      2. Es la *letra* preparando el terreno para el Espíritu.
      3. Es la *letra* iluminando a la mente.
      4. Es la *letra* apelando a la voluntad.
      5. Es la *letra* apelando a la fe.
      6. Es la *letra* moviendo el corazón.

CONCLUSION:
   A. *Recapitulación*: Dios siempre usa la palabra de verdad como instrumento para llegar al corazón. El Espíritu

Santo tomó la palabra de verdad y la aplica al corazón con el propósito de mover la voluntad.
B. *Aplicación*: Ilustración.
C. *Apelación*: Dios puede usar la *letra*—la verdad de este mensaje para llegar a tu corazón. ¿Estás listo para aceptar el mensaje de la palabra de Dios? Hoy puede ser el día de tu santificación.

LA PERFECCION CRISTIANA

TEXTO: Filipenses 3:12

PROPOSITO: Ver la naturaleza de la perfección cristiana según Juan Wesley.

INTRODUCCION:

La palabra "perfección"—que ha sido causa de escándalo—es bíblica, y por consiguiente, en vez de menospreciarla, hay que explicarla. Investiguemos, pues:

I. EN QUE SENTIDO NO SON PERFECTOS LOS CRISTIANOS
   A. No lo son en sus conocimientos.
   B. No están libres de equivocaciones.
   C. No están libres de debilidades.
   D. No están libres de la tentación.
   E. No son perfectos absolutamente.

II. EN QUE SENTIDO SI SON PERFECTOS LOS CRISTIANOS
   A. Perfectos en el sentido que aún los niños en Cristo pueden evitar el pecado.
   B. Perfectos en el sentido de que los cristianos están libres de malos pensamientos.
   C. Perfectos en que están libres de disposiciones perversas.
   D. Perfección de amor delante de Dios.

III. RESUMEN DE LA PERFECCION CRISTIANA SEGUN JUAN WESLEY
   A. Existe la perfección cristiana, puesto que repetidas veces se menciona en la Escritura.
   B. No es coexistente con la justificación, puesto que los que han sido justificados deben ir "adelante a la perfección" (Hebreos 6:1).
   C. No tiene lugar a la hora de la muerte, puesto que Pablo habla a los hombres que viven y que son perfectos (Filipenses 3:15)
   D. No es absoluta. La perfección absoluta no es un atributo de hombres, ni de ángeles, sino sólo de Dios.
   E. No hace al hombre infalible. Nadie es infalible mientras que permanece en el cuerpo.
   F. Es amor perfecto (I Juan 4:18). Esta es su esencia (I Tesalonicenses 5:16-24).

G. Puede crecer.
H. Se puede perder.
I. Es tanto precedida como seguida por una obra gradual.
J. En sí misma es instantánea: es instantánea aunque no siempre se percibe como tal.

CONCLUSION:

La perfección cristiana es para esta vida; se recibe por la fe; es obra instantánea y su esencia es perfección de amor. Es la experiencia profunda de Dios para los creyentes.

LA SANTIDAD DESDE TRES PUNTOS DE VISTA

PASAJE BIBLICO: Hebreos 12:14; Mateo 5:8; I Tesalonicenses 2:10; Hechos 1:8.

PROPOSITO: Ver la experiencia de la santidad desde una perspectiva triple para notar su naturaleza y potencia.

INTRODUCCION:
Consideremos la doctrina y experiencia de la santidad desde tres puntos de vista.

I. LA SANTIDAD DESDE EL PUNTO DE VISTA DE DIOS: UN REQUISITO INDISPENSABLE
   A. Dios y la doctrina y experiencia de la santidad
      1. La santidad de Dios (Exodo 15:11; Apocalipsis 15:4).
      2. La santidad en el Antiguo Testamento: Hay más de 70 textos que enseñan la doctrina y experiencia de la santidad (Génesis 17:1; Levítico 11:44, 45, Isaías 6:1-8; Salmos 24:3-6).
      3. La santidad en el Nuevo Testamento: Hay más de 140 textos que la enseñan: (I Pedro 1:15-16, Efesios 1:4, etc).
      4. Dios demanda la santidad de su creación.

II. LA SANTIDAD DESDE EL PUNTO DE VIDA DEL HOMBRE: UNA NECESIDAD IMPERATIVA
   A. El hombre y la santidad
      1. El hombre como pecador: necesita el *perdón*.
      2. El hombre regenerado necesita la *pureza*: santidad.
      3. La santidad termina con la lucha externa e interna.
      4. La santidad no es un lujo, es una necesidad imperativa.

III. LA SANTIDAD DESDE EL PUNTO DE VISTA DEL MUNDO: UNA ESPERANZA BRILLANTE
   A. Las esperanzas del mundo
      1. La religión ha fracasado.
      2. La política ha fracasado.
      3. La ciencia ha fracasado.
      4. La educación ha fracasado.
      5. La filosofía ha fracasado.
      6. La sicología ha fracasado.

B. ¿Cuál será la esperanza del mundo?
      1. Cristianos llenos del Espíritu Santo.
      2. Una iglesia llena del poder del Espíritu Santo.
      3. Una iglesia consagrada y santa.
      4. Una iglesia que presente el mensaje de plena salvación.

CONCLUSION:
   A. *Recapitulación*: La santidad de Dios demanda santidad en toda su creación. El hombre necesita la experiencia de la santidad. La santidad es la única esperanza que le queda al mundo.
   B. *Apelación*: Dios ha hecho posible la santidad en Cristo; el mundo espera la luz de la santidad.
   C. *Apelación*: ¿Cuál es tu respuesta al mensaje de Dios? ¿Tienes la santidad demandada?

LA SANTIDAD Y LA SEGUNDA VENIDA DEL SEÑOR

PASAJE BIBLICO: I Pedro 1:13-16

PROPOSITO: Ver la relación íntima que hay entre la santidad y la segunda venida de Cristo; ver que la santidad es la única preparación adecuada para poder recibirle en su segunda venida.

INTRODUCCION:

Es muy fácil hablar de los eventos y detalles relacionados con la segunda venida del Señor y olvidar por completo la preparación que tal evento demanda. Hay mucho que no sabemos del advenimiento del Señor, pero una cosa no se puede negar, la santidad es el requisito principal para poder gozar del Señor. Este es el mensaje de la Palabra de Dios.

I. LOS ADVENIMIENTOS DEL SEÑOR EN LA BIBLIA
   A. Profecía del primer advenimiento: (Génesis 3:15)
   B. Cumplimiento del primer advenimiento: (Gálatas 4:4; Juan 1:14)
   C. Profecía del segundo advenimiento:
      1. Por el mismo Señor (Juan 14:1-3).
      2. Por los ángeles: (Hechos 1:9-11).
      3. Por el Espíritu y la iglesia: (Apocalipsis 21:17, 20).

II. PREPARACION PARA LA SEGUNDA VENIDA DE CRISTO
   A. La preparación inicial
      1. Perdón de los pecados.
      2. Justificación.
      3. Adopción.
   B. Preparación esencial
      1. Consagración total.
      2. Santificación total.
      3. Santidad total de vida.

III. LA SANTIDAD Y LA SEGUNDA VENIDA DEL SEÑOR
   A. Da la gracia y potencia para esperar perfectamente: (I Pedro 1:13-16).
   B. Solamente la santidad guarda todo nuestro ser hasta el día del Señor: (I Tesalonicenses 5:23; Judas 24-24).

C. La segunda venida como un aliciente para la santidad: (I Juan 3:2-3).

Conclusion:

No se puede pasar por alto que la santidad es la única preparación adecuada para la venida del Señor. ¿Estás listo para el retorno del Cordero de Dios? Ven hoy mismo si no lo estás.

EMBLEMAS DEL ESPIRITU SANTO

PASAJE BIBLICO: Hechos 2:1-4

PROPOSITO: Ver como los diferentes emblemas del Espíritu Santo sirven para revelar su naturaleza y obra.

INTRODUCCION:

La Palabra de Dios nos presenta varios emblemas del Espíritu Santo como el fin de hacernos ver lo profundo y precioso de su naturaleza y persona. Cada uno de los emblemas revela una fase especial del ministerio del divino *Paracleto*.

I. EL ESPIRITU SANTO COMO PALOMA: (Lucas 3:21-22)
   A. Espíritu de verdad para santificar
   B. Espíritu de gracia para embellecer
   C. Espíritu de amor para identificar

II. EL ESPIRITU SANTO COMO AGUA: (Juan 7:37-39)
   A. Espíritu de suficiencia
   B. Espíritu de frescura
   C. Espíritu de limpieza

III. EL ESPIRITU SANTO COMO FUEGO: (Mateo 3:11; Hechos 2:1-4)
   A. Espíritu purificador
   B. Espíritu de potencia
   C. Espíritu de luz

IV. EL ESPIRITU SANTO COMO VIENTO: (Juan 3:7-8)
   A. Espíritu de vida
   B. Espíritu de crecimiento
   C. Espíritu de sostenimiento

V. EL ESPIRITU SANTO COMO ACEITE: (Mateo 25:1-13)
   A. Para suavizar
   B. Espíritu de armonía
   C. Espíritu de servicio

CONCLUSION:

¿Ha venido el Divino Consolador a tu corazón?

—ADAPTADO, D. RUNYON

EL VIEJO HOMBRE

PASAJE BIBLICO: Efesios 4:17-32

PROPOSITO: Ver la naturaleza interna del hombre viejo y cuál es el único remedio seguro para librarse de su potencia.

INTRODUCCION:

Pablo usa la figura del "viejo hombre" para describir la naturaleza y obra del pecado original. El pecado innato es como un hombre viejo que no tiene remedio; lo único que se puede hacer es dejarlo o despojarse de él con la ayuda del Espíritu Santo.

I. DESCRIPCION DEL VIEJO HOMBRE

   A. Fotografía del viejo hombre
      1. Mente: llena de vanidad.
      2. Entendimiento: entenebrecido.
      3. Ajeno a la vida de Dios.
      4. Dureza de corazón.
      5. Sin sensibilidad espiritual.
      6. Lleno de impureza.
      7. Viciado conforme a los deseos engañosos.

II. COMO LIBRARSE DEL VIEJO HOMBRE

   A. Victoria sobre el viejo hombre
      1. Despojándose del viejo hombre: v. 22.
      2. Crucificando al viejo hombre: Romanos 6:6
      3. Destruyendo al viejo hombre: Romanos 6:6.
      4. Vistiéndose el nuevo hombre: v. 24.

III. FRUTOS DEL NUEVO HOMBRE

   A. Frutos negativos
      1. Ha desechado la mentira en toda forma.
      2. No da lugar al diablo.
      3. No hurta.
      4. Ha dejado las palabras corrompidas.
      5. No contrista al Espíritu Santo.
      6. Ha dejado los pecados del espíritu: v. 31.

B. Frutos positivos
1. Renueva el espíritu de su mente: v. 23.
2. Habla la verdad con todos.

CONCLUSION:
3. Trabaja para ayudar a los necesitados.
4. Sus palabras edifican y dan gracia.
5. Anda en el Espíritu.
6. Manifiesta los frutos del Espíritu Santo: v. 32.

¿Quién reina en tu corazón, el viejo hombre o el nuevo hombre? Solamente el Espíritu Santo puede acabar con el viejo hombre. No tenemos que luchar con el viejo hombre, Cristo ha provisto victoria con su sangre.

LA SANTIDAD EN LA EPISTOLA A LOS HEBREOS

PASAJE BIBLICO: Hebreos 10:10-15

PROPOSITO: Ver la doctrina de la santidad como se expone en la carta a los Hebreos.

INTRODUCCION:

Los cristianos de todas las edades han reconocido la belleza y grandeza de la Epístola a los Hebreos que consisten en la profundidad e intensidad con que se presentan grandes doctrinas del cristianismo; esto es especialmente cierto de la doctrina de la santidad.

I. LA PROVISION DE CRISTO PARA LA SANTIDAD
   A. El paso preparatorio: la encarnación
      1. Hebreos 2:14-18.
   B. El paso vicario: la crucifixión
      1. Hebreos 9:11-15.
      2. Hebreos 10:10, 15.
      3. Hebreos 13:12.
   C. El paso victorioso: la reunión o sesión
      1. Hebreos 4:4-16
      2. Hebreos 8:1-6.
      3. Hebreos 9:24-28.

II. LA POSIBILIDAD DE LA SANTIDAD
   A. Mandatos y exhortaciones
      1. Hebreos 6:1.
      2. Hebreos 12:1, 14.
      3. Hebreos 13:12-16.
      4. Hebreos 4:1, 8-11.

III. EL PODER DE LA SANTIDAD
   A. Términos que expresan el poder y resultados de la santidad
      1. Enoc: Hebreos 11:5; Génesis 5:21-24.
      2. Noé: Hebreos 11:7; Génesis 6:9-22.
      3. Abraham: Hebreos 11.8-9, 17-19; Génesis 12:14; 17:1.

B. La santidad practicada: Hebros 10:19-25

CONCLUSION:

Oración para santidad: Hebreos 13:20-21.

LA SANGRE DE CRISTO Y NUESTRA SANTIFICACION

TEXTO: Hebreos 13:12-13

PROPOSITO: Ver que la sangre de Cristo obra nuestra santificación por la fe.

INTRODUCCION:

La eficacia de la sangre de Cristo es dual: puede salvar y puede santificar. Cristo vino a salvar al mundo, pero también vino a purificar a su iglesia.

I. EL PROPOSITO DE LA MUERTE DE CRISTO
   A. Salvar al pecador
      1. Salvar de todos los pecados: Mateo 1:21.
      2. Salvar de la culpa del pecado: Romanos 8:1.
      3. Salvar del infierno: Mateo 25:41.
   B. Santificar a su iglesia
      1. Efesios 5:25-27.
      2. Purificación del corazón.
      3. Capacitación para servicio.

II. EL MEDIO DE SANTIFICACION
   "Mediante su propia ... "
   A. La sangre de Cristo es nuestra santificación
      A. La sangre en el Antiguo Pacto: Hebreos 9:12, 13.
      2. La sangre en el Nuevo Pacto: Hebreos 9:14, 15.
      3. La eficacia de la sangre de Cristo: Hebreos 7:25; 10:10-15.

III. EXHORTACION Y CONDICION DE LA SANTIDAD
   "Salgamos, pues, a él fuera del campamento ... "
   A. Cristo no está en el "campamento"
      1. El campamento del pecado.
      2. El campamento de una religión formal-ceremonial.
      3. El campamento de una religión racionalista.
   B. La condición para la santificación
      1. Dedicación total a Cristo.
      2. Fe total en Cristo.
      3. Llevar la cruz de Cristo.

CONCLUSION:
"Salgamos, pues, a él, fuera del campamento, llevando su vituperio." ¡Ven, que el altar de consagración te espera!

CRISTO DEMANDA Y DA PUREZA DE CORAZON

PASAJE BIBLICO: Mateo 5:8; Salmos 24:1-6

PROPOSITO: Ver las demandas y recompensas de la pureza de corazón.

INTRODUCCION:

La experiencia cristiana es personal, es del corazón. Cristo hace una obra perfecta en el corazón. El texto indica la importancia y necesidad de la pureza de corazón.

I. LA POSIBILIDAD DE PUREZA

   A. El amor de Dios el Padre: causa original
   B. La gracia de Dios el Hijo: muerte de Cristo
   C. La potencia del Espíritu Santo: bautismo por el Espíritu Santo.

II. LA PROVISION PARA LA PUREZA

   A. Promesas y profecía del Padre: Génesis 3:15; Ezequiel 36:25-27; Lucas 24:49
   B. La expiación de Cristo: Efesios 5:25-27; Hebreos 13:12
   C. La venida del Espíritu Santo: Hechos 2:1-6; 15:8, 9

III. LA POSESION DE LA PUREZA

   A. Por consagración total: Romanos 12:1-2
   B. Por fe verdadera: Hechos 15:8, 9
   C. Por obediencia perfecta: Hebreos 13:12, 13

IV. LA POTENCIA DE LA PUREZA DE CORAZON

   A. Completa victoria sobre todo pecado
   B. Potencia para vivir para Cristo
   C. Potencia para vencer el enemigo
   D. Potencia para perseverar hasta el fin
   E. Potencia para ver a Dios

CONCLUSION:

   A. *Recapitulación*: La posibilidad y provisión de pureza se hallan en la Divina Trinidad; la posesión se halla en la consagración y fe y su potencia nos hace "más que vencedores."

B. *Aplicación*: La parte divina ya está hecha. ¿Estás listo para hacer tu parte?
C. *Apelación*: Oración y llamamiento al altar.

¿POR QUE EL MUNDO NO PUEDE RECIBIR EL ESPIRITU SANTO?

PASAJE BIBLICO: Juan 14:15-18

PROPOSITO: Ver las razones bíblicas por las que el pecador no puede recibir el Espíritu de Dios.

INTRODUCCION:

Cristo dijo: "el mundo no puede recibir" el Espíritu de verdad. Declaración absoluta. Pero el Señor también dio la razón. Veamos por qué es imposible que el pecador reciba el Espíritu Santo.

I. EL PECADOR ESTA CIEGO: NO PUEDE VER AL ESPIRITU

   A. Ceguedad espiritual: (II Corintios 4:4)
      1. No percibe las cosas de Dios (I Corintios 2:14).
      2. No ve las cosas de Dios.
      3. Vive en las tinieblas espirituales.
      4. Está muerto y ciego en sus pecados.

II. EL PECADOR NO PUEDE CONOCER AL ESPIRITU SANTO

   A. No tiene experiencia personal del Espíritu Santo
      1. Tiene otro padre espiritual: El diablo.
      2. Pertenece a otra familia: la familia de los pecadores.
      3. No puede conocer las cosas del Espíritu Santo.

III. ¿COMO PUEDE EL PECADOR CONOCER AL ESPIRITU SANTO?

   A. Pre-requisitos para conocer al Espíritu Santo
      1. Admitir que se ha pecado.
      2. Arrepentimiento.
      3. Confesión de pecados cometidos.
      4. Recibir a Cristo como salvador por la fe.

CONCLUSION:

   A. *Recapitulación*: El Espíritu Santo es para los que han sido perdonados por el Señor. El pecador no puede recibir el Espíritu Santo; tiene que arrepentirse primero y luego en consagración viva, buscar el Espíritu de Dios.

   B. *Aplicación*: El pecador no puede recibir el Espíritu de

Dios porque no le ve ni le conoce. El Espíritu Santo es para los que están seguros del perdón de todos sus pecados.

C. *Apelación*:   Oración y llamamiento.

LA NATURALEZA DUAL DEL PECADO Y LA SANTIDAD

TEXTO: Hechos 19:1-2

PROPOSITO: La naturaleza dual del pecado demanda una segunda obra de gracia.

INTRODUCCION:

Es importante que comprendamos qué se entiende por la "naturaleza dual" del pecado. La naturaleza dual del pecado demanda una segunda obra de gracia. La Biblia enseña la necesidad de ella; Cristo ha provisto para ella y el Espíritu Santo está listo para hacer la obra.

I. EL PECADO INDIVIDUAL: DEPRAVACION ADQUIRIDA
   A. El pecado como hechos cometidos
      1. Pecados de las manos.
      2. Pecados de la mente.
      3. Pecados de los miembros.
      4. Pecados de los ojos.
   B. Respuesta divina: perdón
      1. Nacimiento de nuevo: Juan 3:1-16.
      2. Nueva criatura: II Corintios 5:17.
      3. Salvación: Mateo 1:21.
      4. Justificación: Romanos 5:1.
      5. Regeneración: Tito 3:5.
      6. Adopción: Romanos 8:16.

II. EL PECADO RACIAL: DEPRAVACION HEREDADA
   A. El pecado original
      1. Pecado heredado.
      2. Pecado innato.
      3. Amor perfecto.
      4. Erradicación de todo pecado.
      5. Bautismo con el Espíritu.

CONCLUSION:

A. *Recapitulación*:   La naturaleza dual del pecado—pecado cometido y pecado heredado—demanda dos obras de gracia: salvación y santificación. La Divina Trinidad ha hecho todo lo necesario para que podamos ser libres del pecado en toda forma.

B. *Aplicación*: Una ilustración indicando la diferencia entre las dos formas de pecado. Tal como: la raíz y el fruto; el estado y la acción, etc.

C. *Apelación*: No tenemos que luchar con el pecado en ninguna de sus formas. Todos los recursos divinos están a nuestra disposición. La gracia del Señor es más que suficiente para el pecado.

SEGUNDA PARTE

LA EXPERIENCIA DE LA SANTIDAD

Cuando llegó el día de Pentecostés, estaban todos unánimes juntos. Y de repente vino del cielo un estruendo como de un viento recio que soplaba, el cual llenó toda la casa donde estaban sentados; y se les aparecieron lenguas repartidas, como de fuego, sentándose sobre cada uno de ellos. Y fueron todos llenos del Espíritu Santo... (Hechos 2:1-4).

¡Ya vino! Sí, ¡ya vino! mi alma cantará,
Espíritu Divino, que me confortará,
De herencia de pecado, El limpiará mi ser
Mi vida ha cambiado; ¡glorioso amanecer!

¡Me santificó! ¡Con su gran poder!
En aquel instante cambio yo sentí;
Su gracia me llenó y transformó mi ser,
El amor triunfante vino sobre mí.

□

Mucho más es que un ideal,
La preciosa santidad,
Palpitante bendición actual,
Axiomática verdad.

Hoy buscad santidad.
Dios ofrece este don, perfecto amor;
Suplicad santidad,
Sin la cual jamás veréis al Salvador.

EL PODER DEL ESPIRITU SANTO

PASAJE BIBLICO: Hechos 1:6-9

PROPOSITO: Ver la naturaleza moral del poder del Espíritu Santo.

INTRODUCCION:

Es importante que sepamos cuáles son las características principales del poder del Espíritu Santo. El Espíritu Santo es una *persona* y no un dinamo impersonal.

I. ES POTENCIA MORAL

A. La potencia moral del Espíritu Santo
 1. Nunca irá contra las cosas de Dios.
 2. Nunca irá contra el Espíritu y el temor general de las Escrituras.
 3. Nunca contradice las cosas del Señor.
 4. Nunca claudica con las normas de la iglesia.

II. ES POTENCIA CON PROPOSITO

A. El propósito de la potencia divina
 1. Vencer todo pecado.
 2. Vencer la tentación.
 3. Vencer todo estorbo espiritual.
 4. Glorificar al Señor.
 5. Obedecer al Padre.
 6. Seguir al Espíritu Santo.
 7. Servir a Dios de todo corazón.

III. ES POTENCIA PERSONAL

A. El Espíritu Santo es personal
 1. Es la Persona del Espíritu Santo.
 2. Es para mi persona.
 3. Está en mi persona.
 4. Usa mi persona.
 5. Alcanza a otras personas.

CONCLUSION:

A. *Recapitulación:* La potencia del Espíritu Santo siempre

es moral y personal, llevando un propósito espiritual. Honra y glorifica a Dios y da victoria y seguridad al cristiano.

B. *Aplicación*: ¿Qué clase de poder tienes? ¿Qué clase de poder quieres? ¿Tienes el poder del Espíritu Santo?

C. *Apelación*: Todavía hay tiempo de buscar al Espíritu de Dios. Hoy mismo puedes recibir el poder de lo alto. Acepta las condiciones y Dios te dará su Espíritu Santo.

SEÑALES DE QUE NECESITO LA SANTIFICACION

PASAJE BIBLICO: Hebreos 12:12-16

PROPOSITO: Ver las señales espirituales que indican la necesidad de una segunda obra de gracia.

INTRODUCCION:

La necesidad de la santificación se manifiesta de diferentes maneras. Algunas de ellas son muy notables, mientras que otras son internas del espíritu, pero todas revelan una necesidad básica del corazón regenerado.

I. LA FALTA DE CRECIMIENTO ESPIRITUAL

   A. Falta de crecimiento y desarrollo espiritual
      1. Los que siempre se quedan como "niños espirituales."
      2. Los corintios: I Corintios 3:15.
      3. Los hebreos: Hebreos 5:11-14.

II. LA FALTA DE VICTORIA SOBRE EL "YO"

   A. La muerte del "yo" es imperativa para la victoria completa
      1. El ejemplo de Cristo: Mateo 26:36-46; Filipenses 3:1-11.
      2. El ejemplo de Pablo: Gálatas 2:20; 6:14.
      3. El ejemplo de los discípulos desde el día de Pentecostés.

III. LA FALTA DE UN PROPOSITO DEFINIDO EN LA VIDA

   A. La necesidad de una meta segura
      1. Hay un sinnúmero de doctrinas falsas.
      2. Hay muchos falsos profetas.
      3. Hay mucha debilidad espiritual.
      4. Hay mucha indecisión espiritual.

IV. LA FALTA DE UN ESPIRITU PERDONADOR Y HUMILDE

   A. Falta el espíritu de Cristo
      1. Cristianos que manifiesten el espíritu de Cristo.
      2. Cristianos que manifiesten amor perfecto.
      3. Cristianos que perdonen como fueron perdonados.

4. Cristianos que sean humildes como el Maestro: Mateo 11:28-30.

V. La Falta de Potencia Espiritual
   A. La potencia que se necesita
      1. Potencia para vencer todo pecado.
      2. Potencia para vencer al mundo.
      3. Potencia para vencer la carne.
      4. Potencia para vencer al diablo.
      5. Potencia para vencer la tentación.
      6. Potencia para ser santos.
      7. Potencia para servir.
      8. Potencia para perseverar.

Conclusion:

Solamente la experiencia de entera santificación puede dar la potencia para acabar con toda lucha y conflicto interior y así tener amor, gracia y poder para ser los cristianos que debemos ser.

SANTIFICACION POR EL ESPIRITU

TEXTO: I Pedro 1:1-2

PROPOSITO: Ver la obra del Espíritu Santo en la experiencia de la santificación del creyente.

INTRODUCCION:

El Espíritu Santo tiene una parte muy activa en la santificación de los hijos de Dios. Pedro nos revela algo de la naturaleza y alcance de la obra del Espíritu de Dios.

I. La Santificacion Es Obra del Espiritu Santo

"En santificación del Espíritu."

   A. La identificación del Espíritu
      1. No el espíritu que es santificado (I Tesalonicenses 5:23).
      2. Sino el Espíritu que santifica (II Tesalonicenses 2:13).
   B. La interpretación de esta "santificación"
      1. Esencialmente: separación a Dios.
      2. Prominentemente: purificación de pecado: Romanos 12:1-2; Hechos 15:8-9.
   C. La santificación por el Espíritu según el plan de Dios
      1. La elección relacionada al previo conocimiento: Hechos 2:23.
      2. La elección es compatible con libertad moral: Hechos 2:23; Juan 10:17-18.
      3. La elección incluye nuestra santificación: Efesios 1:4; Romanos 8:29.
   D. La santificación por el Espíritu aplica la sangre de Cristo
      1. La ratificación del pacto: Exodo 25:7-8; Hebreos 9:11-22; Efesios 1:7.
      2. La provisión para nuestra limpieza: Hebreos 9:14; 12:13; I Juan 1:7; Hechos 15:9.
   E. La santificación por el Espíritu afecta la conducta del creyente
      1. La elección demanda obediencia.
      2. La santificación facilita la obediencia.

3. La obediencia es requisito para la santificación: Hechos 5:32; I Pedro 1:14-16.

II. La Santidad Es Progresiva por Toda la Vida

A. Paz con Dios como resultado de la gracia de justificación: Romanos 5:1

B. La paz de Dios como resultado de la gracia santificadora: Filipenses 4:7; I Tesalonicenses 5:23

C. Ambas "paces" aumentan a la medida que el Espíritu Santo mora.

Conclusion:

¿Gozas de la santificación de tu espíritu por la santificación del Espíritu?

—Adaptado, W. E. McCumber

LA MISION DEL ESPIRITU SANTO EN EL CREYENTE

PASAJE BIBLICO: Juan 14:15-18

PROPOSITO: Ver cuál es la naturaleza y alcance de la obra del Espíritu Santo en la vida del cristiano.

INTRODUCCION:

El ministerio del Espíritu Santo en la vida del creyente es precioso y específico. El propósito básico del Espíritu Santo es llevar al creyente a la experiencia de la entera santificación y luego guiarlo en el camino de santidad. Veamos el ministerio progresivo del Espíritu Santo al respecto.

I. EL ESPIRITU SANTO COMO CONSOLADOR DEL CREYENTE: Juan 14:15

    A. El ministerio de consolación

        1. El Espíritu Santo como el otro "Consolador:" Paracleto.

        2. Consuelo permanente: "para siempre."

        3. Consuelo interno: "Estará en vosotros."

II. EL ESPIRITU SANTO COMO GUIA A TODA VERDAD: Juan 16:13; 14:26

    A. El Espíritu Santo y la verdad

        1. Verdad salvadora.

        2. Verdad santificadora.

        3. Verdad triunfante.

III. EL ESPIRITU SANTO Y CRISTO: Juan 14:26; 16:13-15

    A. Cristo y el Espíritu Santo

        1. El Espíritu Santo enseña las cosas de Cristo.

        2. El Espíritu Santo nos recuerda las cosas de Cristo.

        3. El Espíritu Santo habla de las cosas de Cristo.

        4. El Espíritu Santo glorifica a Cristo.

IV. LA MORADA DEL ESPIRITU SANTO EN EL CREYENTE: Juan 14:17

    A. La santificación del creyente

        1. Propósito principal del Espíritu Santo: morar en el creyente.

2. Santificación del creyente: aspecto negativo de la santificación.
3. Morada del Espíritu en el creyente: aspecto positivo de la santificación.

Conclusion:

El Espíritu Santo consuela, guía, y habla de Cristo con el fin de santificar al creyente. La misión del Espíritu Santo es la santificación del creyente. ¡Deja que el Divino Consolador te santifique enteramente hoy mismo!

LA SANTIDAD Y EL AMOR AL MUNDO

TEXTO: I Juan 2:15-17

PROPOSITO: Ver qué se entiende por el "mundo," en el sentido espiritual. Ver que la santidad no puede ser compatible con el amor para las cosas del mundo.

INTRODUCCION:

Cristo dijo que no "somos del mundo," (Juan 17:16) y ahora nos dice que los verdaderos hijos de Dios no "aman al mundo ni las cosas del mundo." ¿Qué es el mundo y cuáles son las cosas del mundo que debemos aborrecer?

I. EL MUNDO COMO LOS DESEOS DE LA CARNE: Salmos 5:20, 21
   A. Deseos basados en las pasiones bajas
   B. Deseos basados en las cosas de esta vida
   C. Deseos basados en el amor para esta vida

II. EL MUNDO Y LOS DESEOS DE LOS OJOS
   A. Vivir según las apariencias solamente
   B. Buscar las glorias y luces de este mundo
   C. Ser prisionero de las modas y estilos del siglo

III. LA VANAGLORIA DE LA VIDA
   A. El orgullo de posición social
   B. El orgullo de capacidad intelectual
   C. Orgullo espiritual

IV. CONSECUENCIAS DE AMAR AL MUNDO Y LAS COSAS DEL MUNDO
   A. No se goza del amor del Padre
   B. Todo lo del mundo pasará
   C. Quedarán fuera de la voluntad de Dios

CONCLUSION:

   A. *Recapitulación*: No se puede amar al mundo y a Dios al mismo tiempo. Todo lo del mundo pasará. La voluntad de Dios permanecerá.
   B. *Aplicación*: ¿Qué tan mundanos somos?
   C. *Apelación*: El único remedio para la mundanalidad en todas sus formas es la voluntad de Dios y la voluntad de Dios es nuestra santificación.

LA PERFECCION DE ABRAHAM

PASAJE BIBLICO: Génesis 17:1-3; Hebreos 11:8-19

PROPOSITO: Ver que la perfección o santificación es una obra personal que Dios siempre ha demandado, tanto en el Antiguo como en el Nuevo Testamento.

INTRODUCCION:

La experiencia de Abraham claramente revela "dos" obras distintas de gracia. Vemos que aún en el Antiguo Testamento la demanda de Dios era: perfección de amor y obediencia. Abraham es el ejemplo perfecto de lo que Dios puede hacer cuando hay fe y obediencia en el corazón.

I. LA CONVERSION DE ABRAHAM: Génesis 12:1-9
   A. Dejó su tierra: v. 1
   B. Dejó su parentela: v. 1
   C. Obedeció a Dios: v. 4
   D. La promesa de Dios: vs. 2-3

II. LA SANTIFICACION DE ABRAHAM: Génesis 17:1-3
   A. Fue un segundo llamamiento: v. 1
   B. Hay una diferencia de tiempo: v. 1
   C. Fue un llamamiento a la perfección: v. 1
   D. Fue un llamamiento poderoso: v. 1
   E. El pacto de Dios: vrs. 4-6

III. LA PRUEBA DE LA PERFECCION DE ABRAHAM: Génesis 22:1-14
   A. Dios le pidió su hijo: Prueba de su consagración: vrs. 1-2
   B. La obediencia de Abraham: vrs. 3, 10
   C. La fe de Abraham: Hebreos 11:8-19
   D. Resultados de su fe: Génesis 22:17, 18; Hebreos 11:17-19

CONCLUSION:

   A. *Recapitulación*: Dios siempre ha demandado la perfección de amor y obediencia. Dios siempre ha provisto los medios para alcanzar sus demandas.
   B. *Aplicación*: El mismo Dios que llamó, salvó y santificó a Abraham, está haciendo el mismo llamamiento a tu corazón. Es el Dios todopoderoso.

C. *Apelación:* ¿Has oído la voz de Dios? El llamado es el mismo. La condición es la misma. ¡Sigue el ejemplo de Abraham!

LAS DIMENSIONES DE LA SANTIDAD

PASAJE BIBLICO: Efesios 3:14-21

PROPOSITO: Ver la naturaleza de las cuatro dimensiones de la santidad según las presenta Pablo en el pasaje leído.

INTRODUCCION:

La experiencia de la santificación es grande porque tiene potencia para revelar y alcanzar todas las dimensiones esenciales de la vida. Pablo presenta las dimensiones básicas de la santidad bajo el concepto de amor.

I. LA ALTURA DE LA SANTIDAD
   A. La santidad es alta como el Dios todo Santo
      1. Dios es santo en su ser.
      2. Dios es santo en sus planes.
      3. Dios es santo en sus acciones.
      4. Dios es santo en la perfección de su amor.

II. LA ANCHURA DE LA SANTIDAD
   A. La universalidad de la santidad
      1. La santidad es el plan universal de Dios.
      2. La santidad no hace acepción de personas.
      3. La santidad no hace acepción de pueblos.
      4. La santidad es tan ancha como el vasto universo.

III. LA PROFUNDIDAD DE LA SANTIDAD
      1. Afecta el espíritu de la persona.
      2. Afecta el corazón de la persona.
      3. Afecta la mente de la persona.
      4. Afecta el cuerpo de la persona.

IV. LA LONGITUD DE LA SANTIDAD
      1. Santidad para todos los días: Lucas 1:74-75.
      2. Santidad para toda la conducta: I Pedro 1:15-16
      3. Santidad para con todas las personas: Hebreos 12:14.

CONCLUSION:

   A. *Recapitulación*: La santidad es dinámica en su principio, naturaleza y alcance. Baja desde el cielo y afecta

lo más profundo de la persona. Es dinámica en su anchura y longitud porque vence toda barrera.
B. *Aplicación*: La vida de Pablo como ejemplo e ilustración.
C. *Apelación*: ¿Conoces la santidad en todas sus dimensiones esenciales? La altura de la santidad puede ser tuya en lo profundo de tu ser. Oración y llamamiento.

LA EXPERIENCIA DUAL DEL APOSTOL PABLO

PASAJE BIBLICO: Hechos 9:1-19

PROPOSITO: Ver que San Pablo tuvo dos experiencias distintas. Ver los dos encuentros de Pablo con la gracia de Dios.

INTRODUCCION:

Es importante y necesario ver la naturaleza de la experiencia de Pablo. Un análisis del pasaje bíblico revela dos "crisis" en la experiencia del gran apóstol.

I. LA PRIMERA CRISIS: LA SALVACION DE PABLO: Hechos 9:1-7
   A. La vida pecadora de Pablo (Saulo)
      1. I Timoteo 1:12-17.
      2. Filipenses 3:4-6.
      3. Hechos 8:1-3; 9:1-2.
   B. La conversión de Pablo
      1. La humillación de Pablo.
      2. El arrepentimiento de Pablo.
      3. La confesión de Pablo: "¿Qué quieres que yo haga?"

II. LA SEGUNDA CRISIS: LA SANTIFICACION DE PABLO: Hechos 9:8-19.
   A. Naturaleza de su segunda experiencia
      1. Tres días después de su conversión.
      2. Oración y ayuno.
      3. Fue lleno del Espíritu Santo: v. 17. (Véase Hechos 2:1-4; 15:8, 9).
   B. Resultados de su santificación
      1. Sus ojos (espirituales) fueron abiertos.
      2. En seguida predicaba a Cristo en las sinagogas: Hechos 9:20.
      3. Testimonio de su santidad: I Tesalonicenses 2:1-2.
      4. La gran obra del apóstol Pablo por todo el mundo romano.
      5. La influencia continua y permanente de Pablo.

CONCLUSION:
   A. *Recapitulación:* No se puede negar que el apóstol Pablo

tuvo dos experiencias distintas. Primeramente fue *perdonado* y luego, tres días después, fue *purificado*.
B. *Aplicación:* ¡Necesitamos la experiencia dual de Pablo!
¿Quieres tener la potencia de Pablo?
¿Quieres tener la pureza de Pablo?
¿Quieres tener la influencia de Pablo?
Entonces, ¡busca la experiencia de Pablo!

LA GRAN SALVACION

PASAJE BIBLICO: Hebreos 2:1-4; 7:25

PROPOSITO: Ver que la salvación es completa y total. Cristo puede salvar de todo pecado.

INTRODUCCION:

La salvación para que sea completa tiene que salvar de todo pecado—pecado cometido y pecado heredado. Nuestra porción escritural revela la naturaleza de la "gran salvación" que hay en Cristo.

I. GRANDE POR SU AUTOR

   A. El autor de la gran salvación: Hebreos 12:2
      1. Cristo es Dios verdadero: Hebreos 1:1-4; Colosenses 2:9.
      2. Cristo es verdadero hombre: Hebreos 2:14; Gálatas 4:4; Juan 1:14.
      3. Cristo es el Dios-hombre.

II. GRANDE POR SU ALCANCE

   A. Alcance de la gran salvación: Hebreos 7:25
      1. Puede salvar de los pecados cometidos: Mateo 1:21.
      2. Puede salvar del pecado heredado: Romanos 6:6; Efesios 4:22-24.
      3. Puede salvar hasta lo sumo: Hebreos 7:25.

III. GRANDE EN SU DEMANDA

   A. La demanda de la gran salvación
      1. Arrepentimiento total: para perdón de los pecados.
      2. Consagración total: para la santificación del corazón.
      3. Obediencia total: para perseverar hasta el fin.

IV. GRANDE EN SU RECOMPENSA

   A. La recompensa de la gran salvación
      1. Recompensa inicial: justificación.
      2. Recompensa esencial: santificación.
      3. Recompensa final: glorificación.

CONCLUSION:

Nos falta una sola cosa: El peligro de tener en poco una tan grande salvación. "¿Cómo escaparemos nosotros, si descuidamos una salvación tan grande?" Es la pregunta sin respuesta.

LA FE DE LOS CREYENTES

TEXTO: Hechos 26:18

PROPOSITO: Ver cuál es la naturaleza y contenido de la fe de los creyentes en relación con la vida de santidad.

INTRODUCCION:

Nuestro texto revela que la fe del creyente es el medio *condicional* para la entera santificación. Solamente los creyentes pueden ejercitar fe santificadora. Veamos la fe santificadora de los creyentes.

I. CRISTO ES EL OBJETO DE LA FE: UNA PERSONA DIVINA
   A. El modernismo presenta a Cristo cuya fe debemos imitar
      1. La Biblia del liberal.
      2. El Cristo del liberal: Cristo como un *gran hombre*.
   B. El cristianismo acepta a Cristo como Dios
      1. Nuestra fe ha de descansar en Cristo.
      2. La relación de Pablo para con Cristo: Filipenses 2:11.
      3. Cristo requiere nuestra fe: Juan 14:1.

II. LA SANTIFICACION ES EL RESULTADO DE LA FE: UNA OBRA DIVINA
   A. La santificación no es gradual por obras o crecimiento: I Pedro 3:13; 1:1-8; Hechos 15:8, 9
   B. La santificación no es a la hora de la muerte: I Corintios 15:26; Lucas 1:68-75
   C. La santificación es instantánea y completa por Dios y por la fe: Juan 17:17; Hechos 2:2-4; 15:8, 9

III. LA FE ES CONFIANZA EN UNA PERSONA: UN ACTO VOLITIVO
   A. Fe incluye la convicción de la verdad
   B. Fe es confianza en una Persona: I Tesalonicenses 5:24; Salmos 56:3-4
      1. Tenemos la capacidad de confiar en Cristo: Romanos 12:3.
      2. Tenemos la responsabilidad de confiar en Cristo: Juan 6:29.

CONCLUSION:

Cristo es el objeto de la fe; la santificación es el fruto de la fe del creyente; por tanto es una obra divina. La santificación es una obra volitiva—es nuestra voluntad aceptando la voluntad de Dios. "Confía en él; y él hará" la obra: Salmos 37:5.

—Adaptado de W. E. McCumber

LA POTENCIA DEL AMOR PERFECTO

TEXTO: I Juan 4:16-18

PROPOSITO: Ver en qué consiste la potencia del amor hecho perfecto.

INTRODUCCION:

Vivimos en días de grandes "potencias." Grandes políticas, militares, sociales, religiosas y económicas. Pero el mundo moderno se ha olvidado de la potencia más poderosa—el amor hecho perfecto por la gracia de Dios. Veamos algo de esta potencia divina.

I. EL ORIGEN DEL AMOR PERFECTO: ¡DIOS!

"Dios es amor"

A. El amor de Dios el Padre: preparar el plan de redención
B. El amor de Dios el Hijo: proveer para el plan de redención
C. El amor de Dios el Espíritu Santo: aplicar el plan de redención

II. LA POTENCIA DEL AMOR PERFECTO

A. Podemos permanecer en Dios: v. 16
B. Da confianza para el día de juicio: v. 17
C. Echa fuera el temor del día del juicio: v. 18

III. LA CONDICION DE AMOR PERFECTO

"El que permanece en amor, permanece en Dios."

A. Buscando el perdón por amor a Dios: la justificación ante Dios
B. Buscando la pureza por amor a Dios: la entera santificación
C. Viviendo una vida de confianza: Fe vital
D. Viviendo una vida de consagración: Consagración total y continua

CONCLUSION:

A. *Recapitulación*: La potencia del amor perfecto es la obra perfecta del amor perfecto de toda la Trinidad. Pero el amor siempre es personal y condicional en naturaleza.
B. *Aplicación*: El amor no es eficaz sino hasta que se recibe.

C. *Apelación:* ¡El amor de Dios perdona; el amor de Dios purifica! ¡Qué privilegio y oportunidad poder recibir y gozar del Dios de todo amor! ¡Deja que Dios perfeccione su amor en ti!

LA FIDELIDAD DE DIOS

PASAJE BIBLICO: I Juan 1:9; I Tesalonicenses 23:24

PROPOSITO: Ver la naturaleza y alcance de la fidelidad de Dios.

INTRODUCCION:

La fidelidad de Dios es eterna, pero en su manifestación histórica es preciosa. La fidelidad de Dios se exhibe en la naturaleza y alcance del plan de redención.

I. LA FIDELIDAD DE DIOS Y EL PERDON DE PECADOS

"Si confesamos nuestros pecados, él es *fiel* y justo para perdonar nuestros pecados."

A. La fidelidad de Dios es expresión de su amor
B. La fidelidad de Dios perdona *todos* los pecados
C. La fidelidad de Dios recibe al pecador

II. LA FIDELIDAD DE DIOS Y LA SANTIFICACION

"El es *fiel* y justo para . . . limpiarnos de toda maldad."

A. La fidelidad de Dios y "toda maldad"
 1. La maldad de la carne.
 2. La maldad del mundo.
 3. La maldad de los ojos.
B. Limpieza total: entera santificación
 1. Es una segunda obra de gracia.
 2. Es una obra instantánea.
 3. Es una obra completa.

III. LA FIDELIDAD DE DIOS Y LA VIDA DE SANTIDAD

A. Cristo como la fidelidad de Dios: Hebreos 2:17, 18; 10:23
B. La fidelidad de Dios en la tentación: I Corintios 10:13
C. Dios es fiel en guardarnos: Judas 24-24; II Timoteo 1:12

CONCLUSION:

A. *Recapitulación*: La fidelidad de Dios perdona, santifica, libra de la tentación y guarda hasta el día del Señor.
B. *Aplicación*: Ilustración.
C. *Apelación*: La fidelidad de Dios es condicional. Acepta las condiciones para tu salvación o santificación.

LA SANTIFICACION DE ISAIAS

PASAJE BIBLICO: Isaías 6:1-8

PROPOSITO: Ver la naturaleza y alcance de la purificación del profeta Isaías.

INTRODUCCION:

Isaías, el príncipe de los profetas hebreos, recibió una segunda obra de gracia específica antes de ser comisionado por el Señor. Es importante notar la grandeza de esta obra, tanto en el sentido personal como en el vocacional. ¡Veamos la visión santificadora!

I. UNA VISION DE LA SANTIDAD DE LA TRINIDAD
   A. Una visión del Señor: v. 1
   B. Una visión del Dios Trino: v. 3
   C. Una visión del poder de Dios: v. 4

II. UNA VISION DE NECESIDAD PERSONAL
   A. Una visión de su condición espiritual: "¡Ay de mí! que soy muerto"
   B. Una visión de su necesidad espiritual: v. 5
   C. Una visión de las consecuencias del pecado: v. 5

III. UNA VISION SANTIFICADORA
   A. El Pentecostés personal de Isaías
     1. El templo se llenó de la gloria del Señor.
     2. Las lenguas angélicas.
     3. El fuego divino: carbón encendido.
     4. Purificación de su corazón: v. 7; Hechos 15:8, 9.

IV. RESULTADOS DE LA VISION SANTIFICADORA
   A. Santificación de su corazón
   B. Pudo escuchar la voz del Señor: v. 8
   C. Recibió la comisión del Señor: v. 8
   D. Pudo aceptar y obedecer la comisión divina: v. 8

CONCLUSION:

   A. *Recapitulación*: Necesitamos una visión personal de la santidad de Dios. La santidad de Dios revela nuestra condición y necesidad espirituales.

B. *Aplicación:* Ilustración.
C. *Apelación:* El mismo Dios santo que santificó a Isaías está listo para purificar tu corazón hoy mismo. Busca al Dios de Isaías; busca la experiencia del profeta. ¡Busca el fuego divino hoy mismo!

EL MONTE DE LA SANTIDAD

LECTURA: Salmos 24

PROPOSITO: Ver las características de la santidad que nos acercan a Dios.

INTRODUCCION:

La santidad es como un gran picacho que se eleva más y más. El salmista usa la figura de un monte para describir la santidad. Indica que se sube con gran esfuerzo y lucha. David también nos da una gran descripción de las personas que pueden subir al monte de la santidad.

I. PUNTO DE PARTIDA: PERDON DE LOS PECADOS

"¿Quién subirá al monte de Jehová? El limpio de manos..."

A. Significado de manos limpias
1. Las manos siempre son símbolo de las obras de la persona.
2. Las manos representan los *pecados cometidos* por la persona.
3. Las manos representan la rebeldía exterior de la persona.
4. Descripción del pecador: Romanos 3:9-18.

II. LA PREPARACION INTERIOR: PUREZA DE CORAZON

"¿Quién subirá al monte de Jehová? El puro de corazón..."

A. Significado de pureza de corazón
1. El corazón es símbolo de la vida interior.
2. El corazón como el asiento de la vida moral.
3. El corazón como el centro de la vida.
4. La conciencia como el centro del corazón.

B. El equipo necesario para escalar el monte de Jehová
1. No dar el alma a cosas vanas.
2. No jurar con engaño.
3. No fijarse en las cosas del mundo: I Juan 2:15-17.
4. Poner la mira solamente en Cristo: Filipenses 3:13-14.

III. LA RECOMPENSA

A. Naturaleza de la recompensa por subir el monte de la santidad: vrs. 5, 6

1. Recibirá la bendición de Dios: Aprobación de Dios.
2. Recibirá la justicia de Dios: Plena salvación.
3. Recibirá más luz y gracia.
4. Recibirá más poder y responsabilidad.

CONCLUSION:

   A. *Recapitulación*: El monte de la santidad es muy alto; solamente los limpios de manos y puros de corazón pueden conquistarlo.

   B. *Aplicación*: ¿Tienes la preparación necesaria para subir al monte de Jehová?

   C. *Apelación*: ¿Tienes manos limpias y pureza de corazón? Hoy mismo puedes prepararte para escalar el monte de la santidad.

LA SANTIFICACION DE LOS DISCIPULOS

PASAJE BIBLICO: Hechos 2:1-4

PROPOSITO: Ver que los discípulos del Señor recibieron una "segunda obra de gracia" el Día de Pentecostés.

INTRODUCCION:

Un estudio de la vida de los discípulos revela claramente que ellos experimentaron dos obras distintas de gracia. En otras palabras, primero fueron regenerados y luego santificados.

I. LOS DISCIPULOS ANTES DEL DIA DE PENTECOSTES
   A. Su experiencia desde el punto de vista negativo
      1. Había orgullo en sus corazones: Lucas 9:46-48.
      2. Faltos de fe: Mateo 17:14-21.
      3. Espíritu sectarista: Lucas 9:49-50.
      4. Manifestaron carnalidad: Lucas 9:51-56.
      5. Espíritu de temor: Lucas 22:54-62.
      6. Espíritu impulsivo: Juan 18:10.
      7. Falta de comprensión espiritual: Mateo 16:21-23.
   B. Su experiencia desde el punto de vista positivo: Juan 17
      1. El nombre de Cristo había sido manifestado a ellos: v. 6.
      2. Conocían que todo era de Dios: v. 7.
      3. Recibieron la palabra de Cristo: v. 8.
      4. Aceptaron la deidad de Jesús: v. 8.
      5. No eran del mundo: vrs. 9, 15, 16, 14.
      6. Cristo los había guardado: v. 12.
      7. Eran de Cristo: v. 10.

II. LA SANTIFICACION DE LOS DISCIPULOS: Hechos 2:1-4; 15:8, 9
   A. El Día de Pentecostés y los discípulos
      1. Fueron llenos del Espíritu Santo.
      2. Fueron librados de toda carnalidad.
      3. Sus corazones fueron purificados por fuego.
      4. Pudieron cumplir con la gran comisión.
      5. Fundaron la iglesia cristiana.
      6. Nos dejaron el Nuevo Testamento.
      7. Siguen siendo ejemplos vivos.

Conclusion:

    A. *Recapitulación*: No se puede negar que los discípulos tuvieron dos experiencias de crisis, ni que fueron santificados enteramente en el Día de Pentecostés.

    B. *Aplicación*: ¿Seremos mejores nosotros que ellos? ¿No tenemos acaso la misma necesidad?

    C. *Apelación*: ¿Has tenido tu Pentecostés personal? Oración y llamamiento.

TERCERA PARTE

LA VIDA DE SANTIDAD

Una *doctrina* que no se puede experimentar es un dogma sin valor—una doctrina que no resulta en una *experiencia* personal es una doctrina muerta.

Una *experiencia* que no tiene su base en una *doctrina* sana resulta en misticismo.

Etica o *práctica* que no está basada en una *doctrina* y que no es el resultado de la transformación del corazón por una experiencia vital lleva al fanatismo, a los extremos—al legalismo de los fariseos.

La combinación de *doctrina y ética* sin experiencia no tiene punto de contacto.

La combinación de *experiencia y ética* sin *doctrina* no tiene base.

La combinación de *doctrina y experiencia* sin *ética* es una mentira.

—G. B. WILLIAMSON

Sé ejemplo de los creyentes en palabra, conducta, amor, espíritu, fe y pureza.

—SAN PABLO

Sino, como aquel que os llamó es santo, *sed también vosotros santos en toda vuestra manera de vivir.*

—SAN PEDRO

PERFECCIONANDO LA SANTIDAD

TEXTO: II Corintios 7:1

PROPOSITO: Hacer ver que solamente la *santificación* hace posible el verdadero crecimiento en la *santidad*.

INTRODUCCION:

Hay mucha confusión acerca de los términos santificación y santidad. Algunos los interpretan como sinónimos, pero estrictamente hablando, no lo son. Santificación se refiere al *hecho* o *acto* por el cual se entra al *estado* de santidad. No podemos por un proceso de crecimiento entrar en la *santificación*, pero sí se puede perfeccionar la *santidad* en el temor de Dios.

I. PROMESAS DE SANTIDAD: "Tenemos tales promesas."
   A. Promesas en el Antiguo Testamento
      1. Génesis 3:15.
      2. Ezequiel 36:25-27.
      3. Joel 2:28-30.
      4. Malaquías 3:1-5.
   B. Promesas en el Nuevo Testamento
      1. Mateo 3:11.
      2. Lucas 24:49.
      3. Hechos 1:1-8.

II. PROPOSITO DE LA SANTIFICACION
   A. Limpiar la inmundicia de la carne
      1. Las obras de la carne: Gálatas 5:16-21.
      2. La lucha con la carne: Romanos 8:3-8.
      3. Dios y la ley de la carne: Romanos 8:7.
   B. Limpiar la inmundicia del Espíritu
      1. Pecados del espíritu.
      2. Pecados secretos.
      3. Pecados del "yo."

III. PERFECCIONANDO LA SANTIDAD
   A. Espíritu con el cual se perfecciona la santidad.
      1. En el temor de Dios: Proverbios 1:7.

   2. Espíritu de amor perfecto.
   3. Espíritu de consagración.
  B. Usando los medios de gracia.
   1. La oración.
   2. El culto.
   3. Lectura de la Biblia.
   4. Trabajo cristiano.

CONCLUSION:

 ¿Tienes la santificación? ¿Estás perfeccionando la santidad? La condición y potencia para poder perfeccionar la santidad es la obra de la santificación.

CONSERVANDO LA SANTIDAD

TEXTO. I Timoteo 5:22: "Consérvate puro . . ."

PROPOSITO: Ver los consejos prácticos que Pablo le da a Timoteo de cómo se puede conservar la santidad.

INTRODUCCION:

La experiencia de la santificación es una obra preciosa, pero simplemente es el principio de la vida de santidad. La gracia es perseverar hasta el fin. Pablo nos da algunos consejos al respecto.

I. MANTENIENDO PUREZA EN LA ORACION
   A. La oración y la santidad: I Timoteo 2:8
      1. La oración ha de ser en santidad.
      2. Se ha de orar *por* la persona y no para que la persona oiga.
      3. La oración ha de ser sin ira.
      4. La oración ha de ser sin contienda.
      5. La oración ha de ser para el bien de la persona.

II. MANTENIENDO PUREZA DE CONCIENCIA: I Timoteo 1:19; 3:9.
   A. La conciencia y la santidad: I Timoteo 1:19; 3:9
      1. La conciencia como el centro de la vida moral.
      2. La conciencia no es guía infalible: I Corintios 4:4.
      3. Una conciencia en el Espíritu Santo: Romanos 9:1.
      4. Una conciencia que toma en cuenta la conciencia de los débiles: I Corintios 10:23-32.
      5. Una conciencia que guarda la fe.

III. MANTENIENDO PUREZA EN LA CONDUCTA
   A. Santidad en la conducta: I Timoteo 4:12
      1. Santidad con todos: Hebreos 12:14; I Timoteo 5:1-3.
      2. Santidad todo el tiempo: Lucas 1:74-75.
      3. Santidad en toda la conducta: I Pedro 1:15-16; I Timoteo 4:12.
      4. Santidad en todo lugar.
      5. Santidad delante de Dios, hasta que el Señor venga: Judas 24-25.

Conclusion:
- A. *Recapitulación*: La santidad se puede conservar hasta que el Señor venga si practicamos los consejos paulinos.
- A. *Aplicación*: "Sed hacedores de la palabra y no tan sólo oidores" Santiago 1:22.
- C. *Apelación*: Examina tu corazón. ¿Estás perdiendo o conservando la santidad?

VIDA PLENA EN EL ESPIRITU

LECTURA: Hechos 2:1-4; Efesios 5:18

PROPOSITO: Ver las evidencias del Espíritu Santo en la vida de la persona. ¿Cuáles son algunas evidencias de que la persona tiene la plenitud del Espíritu Santo?

INTRODUCCION:

¿Cuáles son las señales o pruebas de la presencia plena del Espíritu en el corazón de la persona? Hay varias evidencias de que la persona tiene la plenitud del Espíritu.

I. EL TESTIMONIO DEL MISMO ESPIRITU SANTO: Hechos 15:8, 9; Hebreos 10:10-15.
   A. El testimonio del Espíritu en la *regeneración*: Romanos 8:14-16.
   B. El testimonio del Espíritu en la *santificación*: Hebreos 10:10-15.
      1. Que la voluntad de Dios es nuestra santificación: v. 10.
      2. Que la santificación es mediante el cuerpo de Cristo: vrs. 10-14.
      3. Que el sacrificio de Cristo es perfecto para santificar: v. 14.
      4. El Espíritu Santo da testimonio a la santificación: v. 15.

II. EL TESTIMONIO DE LOS FRUTOS DEL ESPIRITU: Gálatas 5:22-23.
   A. Los frutos del Espíritu Santo
      1. Amor como el fruto principal.
      2. Frutos para la vida personal.
      3. Frutos para la vida social.
      4. Frutos para la vida espiritual.
      5. Frutos superiores a la ley.
      6. Frutos superiores a los dones.

III. VALOR PARA TESTIFICAR: Hechos 2:14; 4:32-37.
   1. Pedro en el Día de Pentecostés: Hechos 2:14-40.
   2. Pedro, y Juan ante el concilio: Hechos 4:1-22.
   3. Los discípulos en general.

IV. Cuando Cristo Es Glorificado: Juan 16:14.
   A. El Espíritu Santo siempre glorifica a Cristo
      1. El sermón en el Día de Pentecostés: Hechos 2:14-40.
      2. La sanidad del cojo: Hechos 3:6; 4:10-12.
      3. El caso de Esteban: Hechos 7:55-60.
      4. El ejemplo de Pablo: Hechos 9:20-22; 28:31.

Conclusion:
   A. *Recapitulación*: La evidencia del Espíritu Santo es *interna;* se manifiesta en frutos, testimonio y gloria dignos del Señor.
   B. *Aplicación*: Todo cristiano debe estar seguro de la evidencia del Espíritu en su vida.
   C. *Apelación*: No podemos tener las evidencias del Espíritu Santo sin tener la persona del Espíritu. ¿Tienes la persona del Espíritu Santo? Hoy puedes recibirle.

LA ETICA DE LA SANTIDAD

LECTURA: Efesios 6:1-9; Colosenses 3:18-25

PROPOSITO: Ver el alcance de la santidad en la vida ética de la persona.

INTRODUCCION:

La prueba final de la experiencia de la entera santificación se halla en la vida moral de la persona. Los frutos de la santidad se han de manifestar en todas las relaciones y contactos de la vida.

I. LA ETICA DE LA SANTIDAD EN EL HOGAR
   A. La responsabilidad de los hijos: Obediencia: Efesios 6:1-3
   B. El deber de los padres: Disciplina y amonestación en el Señor: Efesios 6:4; Colosenses 3:21.
   C. El deber del esposo: Amor a su esposa: Colosenses 3:21.
   D. El deber de la esposa: Amor y respeto a su esposo: I Pedro 3:1-6; Colosenses 3:18.

II. LA ETICA DE LA SANTIDAD EN LA SOCIEDAD: ETICA SOCIAL
   A. Lo que debe ser el cristiano en el mundo
      1. Luz: Mateo 5:14. Luz de santidad.
      2. Sal: Mateo 5:13. La sal de santidad.
      3. Ciudad: Mateo 5:14. Una ciudad de santidad.
   B. Debe ser buen vecino: buen samaritano: Lucas 10:25-37.
   C. Manifestar espíritu de amor en todo: Mateo 7:12; Juan 15:9-14.
   D. Hacer buenas obras: Mateo 25:31-40; Santiago 2:14-26; Mateo 5:16.

III. LA ETICA DE LA SANTIDAD EN LA IGLESIA: I Timoteo 4:12
   A. Para con los hermanos: Mateo 5:23-26; Gálatas 6:9-10
   B. Para con los niños en Cristo: Gálatas 6:1
   C. Para con los caídos: Santiago 5:19-20
   D. Para con los pastores: Hebreos 13:7, 18
   F. Para con todos: Espíritu de perdón y humildad: Mateo 6:14; 18:21; Efesios 4:32
   G. Espíritu de unidad: Efesios 4:1-6

CONCLUSION:
- A. *Recapitulación*: La *doctrina* y la *experiencia* se han de manifestar en la *ética* de la persona. La doctrina es la base de la experiencia, la *práctica* es el fruto de la doctrina y experiencia.
- A. *Aplicación*: Ilustración: La prueba del árbol es los frutos.
- C. *Apelación*: Examina la ética de tu vida. ¿Es una conducta que manifiesta los frutos del Espíritu? La potencia de la ética es la experiencia.

DESCRIPCION PAULINA DE LA VIDA DE SANTIDAD

LECTURA: II Timoteo 4:1-8

PROPOSITO: Ver la naturaleza de la vida de santidad según la presenta Pablo.

INTRODUCCION:

Pablo usa tres figuras para describir la naturaleza de la vida cristiana. Es importante y de gran provecho comprender el alcance del concepto paulino. La vida de santidad es preciosa y posible cuando se sabe su significado. Veamos lo que nos dice Pablo:

I. LA VIDA DE SANTIDAD ES UNA BATALLA: v. 7.
   A. Es una batalla contra el *diablo*
      1. Efesios 6:12.
      2. II Pedro 5:8.
   B. Es una batalla contra la *carne*
      1. Romanos 8:5-12.
      2. Gálatas 5:16-18.
   C. Es una batalla contra el *mundo*
      1. I Juan 2:15-17.
      2. Gálatas 6:14.

II. LA VIDA DE SANTIDAD ES UNA CARRERA: v. 7.
   A. Requiere entrenamiento espiritual
      1. Ejercicio espiritual: I Timoteo 4:7-8.
      2. Requiere paciencia: Hebreos 12:1.
      3. Requiere una meta final: Filipenses 3:13-14.
      4. Requiere disciplina: I Corintios 9:24-27.

III. LA VIDA DE SANTIDAD COMO UNA FE QUE SE HA DE GUARDAR: v. 7.
   A. ¿Qué es la fe?
      1. Confianza en la palabra de una persona.
      2. Confianza en la obra de una persona.
      3. Confianza en la persona misma.
   B. Desarrollando y perfeccionando la fe.
      1. Principio de la fe: Romanos 10:15-17.

2. Fe salvadora: Romanos 10:8-13; Efesios 2:8, 9.
3. Fe santificadora: Hechos 15:8-9.
4. Fe guardadora: I Tesalonicenses 5:24; Judas 24-25.
5. Perfeccionando la fe: Judas 20.
6. Combatiendo por la fe: Filipenses 1:27; I Pedro 5:9; Judas 3.

CONCLUSION:

A. *Recapitulación*: Estamos en batalla para ganar la victoria, en carrera para ganar el premio y tenemos una fe que guardar para alcanzar el galardón.

B. *Aplicación*: Ilustración—Hebreos 11: la potencia y victoria de la fe.

C. *Apelación*: Romanos 8:28-39; I Timoteo 6:12.

VISTAS DE LA SANTIDAD

TEXTO: Exodo 15:11; Salmos 96:9

PROPOSITO: Ver algunas fases de la santidad para revelar su naturaleza y grandeza.

INTRODUCCION:

La santidad es preciosa desde cualquier punto de vista Las diferentes fases de la santidad revelan algo de su naturaleza y esencia.

I. EL RESPLANDOR DE LA SANTIDAD
   A. La gloria de la santidad
      1. En el caso de Moisés: Exodo 3:1-4; 34:27-30.
      2. En el caso de Isaías: Isaías 6:1-7.
      3. En el caso de Ezequiel: Ezequiel 1:1-5.
      4. En el caso de Pablo: Hechos 9:1-6.
      5. En el caso de Esteban: Hechos 7:55-60.

II. LO SEPARADO DE LA SANTIDAD
   A. Santidad es separación: II Corintios 6:14-18.
      1. Separación de lo común a lo santo.
      1. Separados del mundo.
      3. Separados del pecado.
      4. Separados de la carne.
      5. Separados para Dios.

III. LA PUREZA DE LA SANTIDAD
   A. Santidad es pureza
      1. Pureza de corazón: Hechos 15:8, 9.
      2. Pureza de móvil.
      3. Pureza de devoción.
      4. Pureza de amor: Lucas 10:27.
      5. Pureza de pensamiento y deseo.

IV. LA POTENCIA DE LA SANTIDAD
   A. La santidad es potencia
      1. Potencia del Espíritu Santo.
      2. Potencia para vencer.

3. Potencia para vivir.
4. Potencia para testificar.
5. Potencia para servir.

V. La Belleza de la Santidad
   A. La hermosura de la santidad
      1. Hermosa en su potencia.
      2. Hermosa en su adoración.
      3. Hermosa en su alabanza.
      4. Hermosa en su revelación.
      5. Hermosa en alcance.

Conclusion:

¿Conoces la belleza de la santidad? Has experimentado la grandeza de la santidad? Dios ha provisto la santidad para todos sus hijos. ¡Búscala hoy mismo!

EL PODER DE LA SANTIDAD

TEXTO: Hechos 1:8

PROPOSITO: Ver la naturaleza y el alcance del poder de la santidad.

INTRODUCCION:

Uno de los frutos principales de la obra de la entera santificación es la dádiva de potencia espiritual. Pero no se trata de un poder o fuerza impersonales. Se trata de un poder moral para fines que honren y glorifiquen a Dios.

I. PODER PARA VIVIR VICTORIOSAMENTE
   A. Poder para vivir libre de todo pecado.
   B. Poder para vencer la carne
   C. Poder para vencer al mundo
   D. Poder para vencer al diablo

II. PODER PARA TESTIFICAR
   A. Testificar en Jerusalén: el hogar
   B. Testificar en Judea: en nuestra ciudad
   C. Testificar en Samaria: en nuestra patria
   D. Testificar en dondequiera: hasta lo último de la tierra

III. PODER PARA ORAR
   A. Poder para orar sin cesar: I Tesalonicenses 5:17
   B. Poder para orar y velar: Mateo 26:41
   C. Poder para interceder: Santiago 5:16

IV. PODER PARA PERSEVERAR
   A. Perseverar en salvación: Mateo 10:22
   B. Perseverar en santidad: Hebreos 12:4; II Corintios 7:1
   C. Perseverar en oración: Hechos 2:42
   D. Perseverar en buenas obras: Romanos 2:7; II Tesalonicenses 3:13; Romanos 12:21

CONCLUSION:
   A. *Recapitulación*: Solamente el Espíritu Santo nos puede dar el poder para vivir victoriosamente, testificar y perseverar en oración hasta el fin.

B. *Aplicación*: ¿Cuál es la naturaleza y alcance del poder de tu vida espiritual?
C. *Apelación*: ¿Has recibido el poder del Espíritu Santo? ¡Busca hoy mismo la potencia del Espíritu santificador!

ANOMALIAS DE LA SANTIDAD

TEXTO: I Tesalonicenses 5:21; Efesios 4:24

PROPOSITO: Ver que hay falsificaciones aun en el terreno de lo espiritual.

INTRODUCCION:

Hay muchas clases de "santidad" que salen muy mal si las comparamos con la sencilla norma bíblica. Hablar de "anomalías de la santidad" es reconocer que no todo lo que pasa por este nombre es verdadero. Por ejemplo:

I. UNA SANTIDAD AGRIA
   A. Santidad Carilarga
      1. Juan Wesley: "La piedad agria es la religión del diablo."
      2. El hermano mayor del hijo pródigo: Lucas 15:30.
      3. Santidad sospechosa.
      4. Santidad cínica.
      5. Santidad llena de estratagemas.

II. UNA SANTIDAD MEZQUINA
   A. Naturaleza de la santidad mezquina
      1. Santidad egoísta.
      2. Santidad sentimental.
      3. Santidad superficial.
      4. Santidad impotente.

III. UNA SANTIDAD SOLITARIA
   A. Naturaleza de la santidad solitaria
      1. Es santidad recluida.
      2. Es santidad estéril.
      3. Es santidad sectarista.
      4. Es santidad forzada.

CONCLUSION:

A. *Recapitulación*: Cada anomalía es por su misma naturaleza un testimonio de la realidad y el valor de la santidad verdadera. Lo espurio testifica, sin quererlo, de lo genuino. Si no hay el original no puede haber falsificación.

B. *Aplicación*: La verdadera santidad no admite anomalías porque tiene la potencia del Espíritu Santo, y porque está basada en la Palabra de Dios.

C. *Apelación*: ¿Qué tan genuina es tu santidad? ¿Podrá pasar un examen del Espíritu Santo y de la Palabra de Dios? Es tiempo de acabar con toda anomalía y dar lugar a la verdadera santidad. Dios puede y quiere darte la verdadera santidad.

—Adaptado de W. T. Purkiser

EL CAMINO DE SANTIDAD

LECTURA: Isaías 35

PROPOSITO: Mostrar las características principales del camino de santidad. Ver que la vida santa es un camino preparado por el Señor.

INTRODUCCION:

El profeta Isaías usa la figura de un camino para describir la naturaleza de la vida santificada. La persona usa un camino para llegar de un lugar a otro. Pero hay muchas clases de caminos. Veamos qué es lo que distingue al camino de la santidad.

I. CARACTERISTICAS DEL CAMINO DE SANTIDAD
   A. No pasará inmundo por él: v. 8
      1. El mundo no percibe las cosas de Dios: I Corintios 2:14.
      2. El mundo no conoce ni puede recibir las cosas del Espíritu: Juan 14:17.
      3. Es camino para los hijos de Dios, no para los inmundos.
      4. Los inmundos andan por el desierto.
   B. Es camino de santidad: v. 8

II. CONDICIONES DEL CAMINO DE SANTIDAD
   A. Condiciones del camino de santidad
      1. Seguridad del perdón de pecados.
      2. Consagración total.
      3. Fe viva en la promesa del Padre.

III. COMPAÑERISMO EN EL CAMINO DE SANTIDAD
   A. Cuidado y compañía en el camino de santidad: v. 8
      1. El Señor será compañero: Lucas 24:13-35
      2. El Espíritu Santo estará "en" nosotros: Juan 14:17.
      3. El amor del Padre estará en nosotros.
      4. La gracia del Hijo será nuestra.
      5. Los humildes y sencillos podrán caminar seguros.

CONCLUSION:
   A. *Recapitulación*: El camino de santidad es el camino de

Dios que cruza los desiertos de esta vida. Es el camino que le da vida, gozo y alegría al mundo. Es el camino que lleva al cielo.
B. *Aplicación*: Ilustración: diferentes clases de caminos.
C. *Aplicación*: Este es el camino de Dios. Hoy puedes entrar y gozar del camino de santidad. Es el único camino seguro para esta vida y la venidera.

PARA CONSERVAR LA VICTORIA

PASAJE BIBLICO: I Tesalonicenses 3:12-13

PROPOSITO: Ver cómo podemos conservar la victoria.

INTRODUCCION:

El hombre tiene muchas fórmulas para el éxito. Dios tiene sólo una: rendimiento y sumisión.

I. PARA TENER ESA VICTORIA HAY QUE DAR VICTORIOSAMENTE
   A. Dar nuestro tiempo—entendiendo que el tiempo que le damos a Dios es el de mayor valor
   B. Dar nuestros talentos
   C. Dar nuestros diezmos, puesto que son de Dios y no un don a la iglesia.
   D. Darnos a nosotros mismos.

II. PARA TENER ESA VICTORIA, TENEMOS QUE TESTIFICAR VICTORIOSAMENTE
   A. En el Espíritu, nuestro testimonio más efectivo
   B. Con entendimiento espiritual, nuestra mejor llave
   C. En medio de pruebas y tentaciones, nuestra mejor oportunidad.

III. PARA TENER ESA VICTORIA, TENEMOS QUE ORAR VICTORIOSAMENTE
   A. Las tentaciones se vencen con la oración victoriosa.
   B. Las pruebas se vuelven victorias por la oración.
   C. La oración victoriosa nos da valor para estar firmes en nuestras convicciones.
   D. La oración victoriosa nos capacita para no caer en pecado.
   E. La oración victoriosa nos lleva a buscar su imagen en nuestras vidas:
      1. Esto fue el desafío dado a los apóstoles en la transfiguración.
      2. La visión de Isaías le hizo orar hasta lograr la victoria verdadera.
      3. La visión de Pablo le hizo orar al Cristo revelado.

Conclusion:
La oración victoriosa es el tiempo de encontrarnos con la Deidad, y un encuentro adecuado con Dios es la victoria completa.

—Mana Ministerial

COMO MANTENER LA EXPERIENCIA DE LA SANTIFICACION

LECTURA: I Tesalonicenses 2:1-12.

PROPOSITO: Dar algunos consejos prácticos como guías y ayudas para conservar la experiencia inicial de santificación.

INTRODUCCION:

La gracia de la vida cristiana no es principiar, sino terminar la carrera cristiana. La experiencia de la santificación no solamente se ha de recibir, pero sobre todo se ha de conservar hasta que el Señor venga. ¿Cómo podemos perseverar en santidad?

I. VER QUE LA SANTIFICACION ES UN FIN PERO TAMBIEN UN PRINCIPIO
   A. La santificación como un fin
      1. Es el fin del pecado innato en la persona.
      2. Es el fin de toda lucha interna.
      3. Es el fin de la rebeldía contra Dios.
      4. Es el fin del "yo" como ley de la vida.
   B. La santificación como un principio
      1. Es el principio de la verdadera vida santa.
      2. Es el principio del verdadero crecimiento en **gracia**.
      3. Es el principio de la verdadera obediencia.
      4. Es el principio del verdadero servicio a **Dios**.

II. MANTENIENDO LA CONSAGRACION AL DIA
   A. Consagración instantánea
      1. Consagración instantánea y completa: **Romanos 12: 1-2**
      2. Consagración como medio para recibir la **santificación**.
      3. Consagración como medio para recibir el **bautismo del Espíritu Santo**.
      4. Consagración es un "Sí" completo a Dios.

III. USANDO LOS MEDIOS DE GRACIA
   A. La oración y ayuno
   B. Adoración y alabanza

C. Testimonio y servicio
  D. Vida de servicio y sacrificio

Conclusion:

"Y a aquel que es poderoso para guardarnos *sin caída*, y presentarnos sin *mancha* delante de su gloria con gran alegría, al único y sabio Dios, nuestro Salvador, sea gloria y majestad, imperio y potencia, ahora y por todos los siglos. Amén" (Juan 24-25). Léase también Apocalipsis 3:11.

LA SANTIDAD Y EL MINISTERIO DEL ESPIRITU SANTO

LECTURA: Juan 14:15-18, 26

PROPOSITO: Ver la importancia y necesidad del ministerio del Espíritu de Dios en la vida del santificado.

El Espíritu Santo es quien imparte o da la santidad, pero también tiene como oficio el conservar y aumentar la misma. El Espíritu de Dios santifica enteramente, pero también lleva al cristiano por el camino de santidad. ¿Cómo?

I. EL ESPIRITU SANTO COMO GUIA: Juan 16:13
   A. El Espíritu Santo y la verdad: Espíritu de verdad
      1. Guía a toda verdad.
      2. Ilumina toda verdad.
      3. Aplica toda verdad.
      4. Es el gran conservador de la sana doctrina.

II. EL ESPIRITU SANTO COMO MAESTRO: Juan 14:26
   A. El maestro divino
      1. Revela las cosas profundas de Dios: I Corintios 2: 11, 16.
      2. Nos recuerda las enseñanzas de Cristo.
      3. Nos revela la Palabra de Dios.

III. EL ESPIRITU SANTO HABLA: Hechos 13:2; 8:29
   A. La voz del Espíritu Santo
      1. Es personal.
      2. Es directa.
      3. Es clara y segura.
      4. Es a tiempo.

IV. EL ESPIRITU SANTO PROHIBE Y PERMITE: Hechos 16:6-10
   A. Prohibición y permiso del Espíritu Santo
      1. Prohibe lo bueno para permitir lo superior: Caso de Pablo.
      2. Prohibe un placer para permitir una bendición mayor.
      3. Prohibe la derrota para permitir la victoria.
      4. Prohibe una puerta para permitir una mayor.

V. EL ESPIRITU COMO CONSOLADOR: Juan 14:16, 26
   A. El Espíritu Santo como el "Otro" Consolador

1. El Espíritu Santo está "en" nosotros.
2. No nos deja huérfanos.
3. Nos consuela para que seamos consoladores:
   II Corintios 1:3-6

Conclusion:

Deja que el Espíritu Santo tome control completo de tu vida. Hará de ella una bendición para todos.

LA SEPARACION CRISTIANA

LECTURA: II Corintios 6:14—7:1; Juan 17:15-17

PROPOSITO: Ver la naturaleza, contenido y alcance de la separación cristiana.

INTRODUCCION:

¿Cuál es el lugar del cristiano en el mundo? ¿Cuál es la relación de los "santificados" con los hijos del mundo? Pablo nos da la respuesta en su llamado a la separación cristiana.

I. LLAMADO A LA VERDADERA SEPARACION ESPIRITUAL
   "No os unáis en yugo desigual con los incrédulos . . ."
   A. Naturaleza del llamado
      1. Es término militar: Fila, orden y lugar.
      2. Se demanda obediencia absoluta.
      3. Es orden específica: v. 14.
   B. Contenido de la separación cristiana
      1. Separación espiritual en esencia.
      2. Separación en pensamiento, palabra y hecho.
      3. Separación de lugar cuando es necesario.
   C. Alcance de la separación cristiana
      1 De todo mi ser: Alma, espíritu y cuerpo.

II. EL PORQUE DE LA EXHORTACION
    "¿Porque qué compañerismo tiene la justicia con la injusticia . . ?"
    A. Base de la separación cristiana: II Corintios 6:14-16
       1. Hay dos estados morales: Justicia e injusticia.
       2. Hay dos símbolos: Luz y tinieblas.
       3. Hay dos personas: Cristo y Belial.
       4. Hay dos puntos de unión: Fe e incredulidad.
       5. Hay dos lugares de adoración: Templo de Dios y los ídolos.

III. RECOMPENSA DE LA SEPARACION CRISTIANA
     A. Primera recompensa: II Corintios 7:1
        1. Limpieza de espíritu.
        2. Limpieza de cuerpo.

B. Segunda recompensa: II Corintios 7:1
   1. Capacidad para perfeccionar la santidad en el temor de Dios.

CONCLUSION:

"Salid de en medio de ellos, y apartaos, dice el Señor." El altar de consagración es el principio de la verdadera separación espiritual. Estamos en el mundo, pero no somos del mundo. ¿Cuál es tu relación con el mundo?

LOS PASOS DE LA VIDA SANTA

LECTURA: Efesios 5:1-20

PROPOSITO: Ver cómo debe andar el santificado para que pueda perfeccionar la santidad.

INTRODUCCION:

El apóstol Pablo nos presenta la vida cristiana en cuatro pasos. Nuestro andar debe revelar nuestra santidad. Pero nuestro andar también debe aumentar nuestra santidad.

I. EL PRIMER PASO: EL PASO DE AMOR: Efesios 5:1-2
   A. El paso de amor
      1. Es el paso esencial.
      2. Debe ser la base de todo nuestro andar.
      3. Debe ser el móvil de todo nuestro andar.
      4. Debe ser la potencia tras nuestro andar.

II. EL SEGUNDO PASO: EL PASO DE LUZ: Efesios 5:8-13.
   A. El paso de luz
      1. La luz del *perdón* de pecados.
      2. La luz de la *pureza* de corazón.
      3. La luz de andar en comunión con Dios: I Juan 1:7.
      4. La luz de andar en comunión con el prójimo: I Juan 1:7
      5. La luz de obediencia perfecta.
      6. La luz de una consagración total.
      7. La luz de una conciencia santificada.

III. EL TERCER PASO: EL PASO DE SABIDURIA: Efesios 5:15-18
   A. El paso de los sabios
      1. Se aprovechan del tiempo: v. 16.
      2. Preservan la plenitud del Espíritu Santo: v. 18.
      3. Conocen la voluntad de Dios: v. 17.
      4. Han dejado las disoluciones del mundo: v. 18.

IV. EL CUARTO PASO: EL PASO DE ALABANZA Y GRATITUD: Efesios 5:19-20.
   A. La alabanza y gratitud del santificado
      1. Alaba al Señor en su corazón.

2. Alaba al Señor con todo su corazón.
3. Da gracias a Dios por sus bendiciones espirituales.
4. Da gracias a Dios por sus bendiciones materiales.
5. Da gracias a Dios por su providencia.

CONCLUSION:
- A. *Recapitulación*: El andar del santificado es muy diferente al andar del incrédulo. El cristiano anda con pasos dignos de su Señor.
- B. *Aplicación*: El mundo espera el andar de santidad de todos los hijos de Dios.
- C. *Apelación*: Examina tu andar a la luz del mensaje. ¿Tienes los pasos del santo? Hoy mismo puedes comenzar a caminar como un santificado.

LA SANTIDAD Y LA DISCIPLINA

LECTURA: Hebreos 12:1-11

PROPOSITO: Ver que la santidad demanda disciplina y que sin disciplina no hay crecimiento en la vida de santidad.

INTRODUCCION:

Hay una relación muy directa entre la santidad y la disciplina. El escritor a los Hebreos nos quiere hacer ver que "sin disciplina no hay santidad."

I. NATURALEZA DE LA DISCIPLINA
   A. Origen de la disciplina
      1. La paternidad de Dios.
      2. La paternidad del hombre.
      3. La falta de experiencia del niño.
   B. Significado y propósito de la disciplina
      1. Las necesidades de los verdaderos niños en Cristo.
      2. Dios como el verdadero Padre.
      3. Preparación para la vida de madurez espiritual.

II. LA DISCIPLINA Y LA SANTIDAD
   A. La disciplina y la Divina Trinidad
      1. La disciplina de Dios el Padre: Ver el amor del Padre.
      2. La disciplina de Dios el Hijo: Ver el propósito de la pasión y muerte de Cristo.
      3. La disciplina de Dios el Espíritu: Ver el propósito de la dirección, iluminación y amonestaciones del Espíritu Santo.
   B. La disciplina y la santidad
      1. La experiencia de santificación como potencia interna.
      2. La disciplina es provechosa para crecer en santidad.
      3. La santificación hace posible la auto-disciplina en el Espíritu.
      4. La disciplina hace posible el uso correcto de los medios de gracia.
      5. La disciplina produce frutos de santidad y justicia.
      6. La santidad ejercita y demanda disciplina.

Conclusion:

    A. *Recapitulación:* Es difícil comprenderlo, pero Dios disciplina a sus santos para que sean más santos. El amor de Dios demanda la disciplina de sus hijos. La disciplina es para nuestro provecho y progreso espirituales. La disciplina hace posible que participemos de la santidad del Señor.

    B. *Aplicación:* Ilustración.

    C. *Apelación:* Busca la disciplina del Padre. La disciplina nos llevará por el camino de la santidad. Pero la experiencia de la entera santificación es la puerta.

LA SANTIDAD Y LA SEGURIDAD CRISTIANA

LECTURA: II Pedro 1:3-12

PROPOSITO: Ver que la naturaleza de la seguridad cristiana es condicional y no incondicional.

INTRODUCCION:
> La Biblia habla de la seguridad cristiana en términos personales y condicionales. La salvación es condicional y de igual manera la perseverancia es condicional.

I. LA SEGURIDAD CRISTIANA ES PERSONAL: II Pedro 1:10
   A. La salvación siempre es un acto personal: Juan 3:16
   B. La perseverancia siempre es un acto personal: Marcos 13:13

II. LA SEGURIDAD CRISTIANA ES CONDICIONAL
   A. La fe como la *puerta* a la salvación
   B. La fe como el *camino* de la salvación

III. LA SEGURIDAD CRISTIANA ES ACTIVA: II Pedro 1:5:10
   A. La seguridad cristiana no es pasiva
   B. La seguridad cristiana no es estéril
   C. La seguridad cristiana es fructífera
      1. Virtud.
      2. Conocimiento.
      3. Disciplina.
      4. Paciencia.
      5. Piedad.
      6. Amor fraternal.
      7. Amor.

V. LA SEGURIDAD CRISTIANA ES INTERNA
   A. Es seguridad del Espíritu al espíritu: Romanos 8:16
   B. Es seguridad del corazón: Proverbios 4:23
   C. Es seguridad *en* Cristo: Romanos 8:1, 2

CONCLUSION:
   A. *Recapitulación*: La esencia de la seguridad cristiana se

halla en la fidelidad de Dios y la obediencia del hombre. En otras palabras, la seguridad cristiana es condicional y eterna por naturaleza.

A. *Aplicación*: Toda relación básica de la vida es personal o moral en naturaleza.

C. *Apelación*: ¿Cuál es la base de tu seguridad? Cristo es nuestra única seguridad. El que *está* en Cristo por la fe está seguro.

LA PERFECCION CRISTIANA EN ACCION

LECTURA: Salmos 101

PROPOSITO: Ver que la perfección cristiana—la entera santificación, es tan dinámica y práctica como la vida. Ver que la perfección de amor influye sobre la vida total de la persona.

INTRODUCCION:

El Salmo 101 fue escrito por David cuando tomó el trono de Israel. Se ha dicho que es un salmo de "resoluciones piadosas," y "un espejo para reyes." Es un salmo en el cual el rey David expresa su deseo de poner en práctica la perfección cristiana.

I. LA PERFECCION CRISTIANA EN SI MISMA: vrs. 1-5
   A. Es perfección de corazón—perfección de amor: v. 2
   B. Se hace sentir en casa: su potencia doméstica: v. 2
   C. Busca la justicia: siempre es justa: v. 3
   D. No se desvía: firmeza de propósito: v. 3
   E. Se aparta de la perversidad: es santa: v. 4
   F. No conoce la maldad: rectitud de corazón: v. 4
   G. Es amor hacia el prójimo: v. 5
   H. No da lugar al orgullo: v. 5
   I. No da lugar a la vanidad: v. 5

II. LA PERFECCION CRISTIANA Y EL MUNDO: vrs. 7-8
   A. No tiene comunión o compañerismo con el mundo: v. 7
   B. No da lugar al mentiroso: v. 7
   C. No da lugar al impío: v. 8

III. LA OBRA DE LA PERFECCION CRISTIANA: v. 6
   A. Busca la comunión de los santos: v. 6
   B. Depende de los limpios de corazón para su obra: v. 6

IV. CANTO FINAL DE LA PERFECCION CRISTIANA: v. 1
   A. El cántico de misericordia: v. 1
   B. El cántico de justicia: v. 1

CONCLUSION:

   A. *Recapitulación:* La perfección cristiana es activa por la

potencia innata que tiene. La perfección de amor se ha de manifestar en todas las áreas y relaciones de la vida.
B. *Aplicación*: La perfección cristiana no solamente fue para el rey David. Nosotros tenemos que estar seguros que nuestro corazón ha sido hecho perfecto en amor por el Espíritu Santo.
C. *Apelación*: El rey David obtuvo la perfección cristiana porque la buscó con todo su corazón. Hoy es el día de buscar la entera santificación con todo el corazón. No perdamos más tiempo.

CLASIFICACION DE TEXTOS BIBLICOS SOBRE LA SANTIDAD

I. La Perfección Cristiana

1. Génesis 17:1
2. Job 1:1, 8; 2:2
3. I Reyes 8:61; 15-14
4. I Crónicas 28:9
5. Salmos 37:37
6. Mateo 5:48
7. Efesios 4:12
8. Colosenses 3:13; 4:12
9. II Timoteo 3:17
10. Hebreos 6:1
11. I Juan 4:17-18
12. Hebreos 10:10-15

II. La Santidad

1. Levítico 11:44, 45; 19:2
2. Josué 3:5; 7:13
3. Salmos 24:3-6; 29:2; 96:9
4. Isaías 6:1-8
5. Lucas 1:74-75; Judas 24-25
6. I Tesalonicenses 2:10; I Pedro I:15-16
7. II Corintios 7:1
8. Hebreos 12:14
9. Efesios 1:4
10. Efesios 5:25-27

III. Limpieza o Pureza de Corazón

1. Salmos 24:3-6
2. Salmos 51:10
3. Salmos 73:1
4. Daniel 1:8
5. I Timoteo 1:5
6. II Timoteo 2:22
7. Hechos 15:8, 9
8. Mateo 5:8
9. I Juan 1:7-9
10. I Pedro 1:22
11. Hebreos 10:22
12. Santiago 4:8

IV. La Santificación

1. I Corintios 1:30
2. I Tesalonicenses 4:3, 7
3. Hebreos 10:10; 13-12
4. Juan 17:17
5. I Tesalonicenses 5:23-24
6. Romanos 6:22
7. Efesios 5:25-27
8. I Corintios 6:11

V. Perfección de Amor

1. Lucas 10:27
2. Efesios 3:14-21
3. I Juan 4:17-18
4. Mateo 5:48

VI. Bautismo con el Espíritu Santo

1. Mateo 3:11
2. Juan 1:33; 14:16-26
3. Ezequiel 36:25-27; Joel 2:28-30
4. Hechos 1:8; 2:1-4; 19:1-6
5. Isaías 44:3
6. Malaquías 3:1-5
7. Efesios 5:18

VI. Otros Textos

1. Romanos 6:6
2. Efesios 4:22-24
3. Gálatas 2:20
4. I Juan 2:15-17

5. Colosenses 3:1-17
6. II Corintios 6:14-18
7. I Corintios 13:1-13

www.ingramcontent.com/pod-product-compliance
Lightning Source LLC
Chambersburg PA
CBHW071300040426
42444CB00009B/1804